U0868568

大学生创新能力培养与开发研究

李　琳◎著

文化发展出版社
Cultural Development Press
·北京·

图书在版编目（CIP）数据

大学生创新能力培养与开发研究 / 李琳著 . — 北京 : 文化发展出版社，2023.10

ISBN 978-7-5142-4114-3

Ⅰ . ①大… Ⅱ . ①李… Ⅲ . ①大学生－创造能力－能力培养－研究 Ⅳ . ① G640

中国国家版本馆 CIP 数据核字 (2023) 第 203339 号

大学生创新能力培养与开发研究

李 琳 著

出 版 人：宋 娜

责任编辑：岳智勇　　　　责任校对：侯 娜

责任印制：邓辉明　　　　封面设计：守正文化

出版发行：文化发展出版社（北京市翠微路 2 号 邮编：100036）

网　　址：www.wenhuafazhan.com

经　　销：全国新华书店

印　　刷：天津和萱印刷有限公司

开　　本：710mm×1000mm　1/16

字　　数：205 千字

印　　张：11.25

版　　次：2024 年 6 月第 1 版

印　　次：2024 年 6 月第 1 次印刷

定　　价：72.00 元

I S B N：978-7-5142-4114-3

◆ 如有印装质量问题，请电话联系：010−58484999

前　言

创新是一股源源不断的力量，推动着一个国家的繁荣昌盛。正是在这种思想变革的推动下，人类才实现了由农业文明向工业文明的转变。近代以来，人类文明的进步离不开科学发现、技术创新和工程技术的不断提升，这些进步源于科学技术在生产实践中的广泛应用和先进生产力的形成，同时也离不开近代启蒙运动给人们带来的思想观念的深刻解放。人类社会的进化历程，是一个源源不断的创新之旅，从最初的简单到现在的复杂，从低级到高级，从原始到现代，不断推动着人类社会的发展。

在 21 世纪这个以“创业时代”和“创新时代”为核心的时代，全球范围内的竞争焦点都集中在创业和创新的实力和水平上，这两个领域已经成为推动社会前进的引擎和力量。面临严峻的就业形势，大学生就业意识与社会为其提供的就业岗位之间严重不匹配。要想从根本上解决大学生的就业问题，提升高校大学生就业率，就必须重视大学生的创业教育，从一个全新的领域和视角研究大学生就业问题。创新能力是创业者的重要素质，创新能力的培养是创业教育的核心。对于当代大学生而言，提升应对就业压力的能力、进行创业教育及培养创新能力，是一项至关重要的任务。

本书一共包括六章内容，第一章为大学生创新能力培养概述，主要介绍了三个方面的内容，分别是创新与创新能力、大学生创新能力培养的原则、大学生创新能力培养的意义；第二章为大学生创新能力的形成机理，主要从三个方面展开论述，依次是脑科学理论、思维科学理论、创新心理学理论；第三章为大学生创新思维的过程与培养，主要从四个方面展开论述，分别是创新思维概述、创新思维的训练方法、大学生创新思维的过程、大学生创新思维技法；第四章为大学生创新能力的开发与训练，从大学生自我创新能力、预测决策能力、应变能力等方面论述了大学生创新能力的开发，从创新能力训练、创新潜能训练、创新心智训练等方面介绍了大学生创新能力的训练；第五章为大学生创新能力培养现状与策略，主要从大学生创新能力培养存在的问题、大学生创新能力培养的影响因素、大学生创新能力培养的策略三个方面进行了论述；第六章为大学生创新能力培养的创新教育，主要介绍了六个方面的内容，依次是、创新教育的内涵及其意义、创新教育的目标和任务、创新教育的内容、创新教育的方法、创新教学的原则、创新教育的运行机制。

在撰写本书的过程中，作者得到了许多专家学者的帮助和指导，参考了大量的学术文献，在此表示真诚的感谢。由于作者水平有限，书中难免会有疏漏之处，希望广大同行及时指正。

作者

2023 年 3 月

目　录

第一章　大学生创新能力培养概述

本章为大学生创新能力培养概述，主要介绍了三个方面的内容，分别是创新与创新能力、大学生创新能力培养的原则、大学生创新能力培养的意义。

第一节　创新与创新能力

一、创新的思想渊源及内涵

（一）创新的界定

创新泛指推陈出新、革故鼎新，也指对原有事物进行改造、重新组合及延伸，从而创造出不同于原来事物的新事物。其含义有：①指前所未有的，含有创造发明的意思；②原有事物引入新的领域产生的效益也叫创新，如新观点、新方法和新技术等新生事物。从辩证唯物论的角度看，创新就是发展，是推动事物前进的不竭动力，是新事物的产生和旧事物的灭亡，是事物由简单到复杂、由低级到高级的发展过程。创新的意义随着社会的不断发展变化，其内涵也在不断扩展和深化。着眼于不同的角度，“创新”一词有着不同的界定。

1. 词源学角度

《现代汉语词典》[①] 中将“创新”解释为：“①抛开旧的，创造新的；②指创造性，有新意的。”创新一词原本是根据英文单词“innovation”翻译过来的，意为“内部的变化与更新”，既有革新之意，又有创造之意。

2. 教育学角度

创新是一场文化的变革，它源于一种全新的理念、行为和事物的涌现，从而

---

① 中国社会科学院语言研究所词典编辑室. 现代汉语词典[M]. 7版. 北京：商务印书馆，2016：205.

引发了新方式的推广和传播。

3. 社会学角度

创新是对一个组织或相关环境的新变化的接受，具体来说就是指被相关使用部门认定的一种新的思想、新的实践或新的制造物。所谓创新就是推陈出新，能够用新的，与众不同的方法、途径来解决问题，创造新事物。

（二）创新的地位

创新是一个民族进步的源泉，是一个国家前进的不竭动力。人类社会的发展是在“创新”的驱动下，经历了从简单到复杂、从低级到高级、从原始到现代的进化历程。近代人类文明进步取得的丰硕成果，得益于创新理念的深入理解和广泛应用。科学技术的革新、先进生产力的诞生及思想观念的巨大解放，这些方面的进步无一不彰显了“创新”的推动作用。民族创新能力的大小决定了民族的发展速度、发展阶段和发展水平。

（三）创新的内涵

创新是指具有创造性的人的思维活动和实践活动，这些活动往往具有不同于前人或超越自身的独特方法和途径。创新不能简单地理解为发明与发现的过程，实际上这一过程包含了改进和再创造的元素。创新不是简单的技术过程，而是激情的体现，是一种态度和实践，是不满足现状的探索，同时能为人类创造性实践确立稳定的价值取向。创新的内涵是否定和发展，是突破和超越。

创新从哲学上说是人的实践行为，是人类对于发现的再创造，是对于物质世界的矛盾的再创造。人类通过对物质世界的再创造，制造新的矛盾关系，形成新的物质形态。

（四）创新的特征

创新的特征：①是对常规的超越和突破。首创、革新和新颖性为其最显著的特性。②是人类有目的性的活动。创新是在人的自觉意识指导下完成的，也就是说，创新必须经过人的努力才能产生，为此创新活动蕴含和体现了人类的目的性、自觉能动性和价值指向性。③与传统和习惯是对立的，突破墨守成规的观念是其生存之道。④艰辛与风险并存。⑤来自原创力、坚强的毅力和责任感。

从创新的词源及其发展的深入分析，我们不难看出，创新可以不是全新的东西，可以前人或他人现有成果为基础，找到新发现，解决新问题，提出新见解，拓展新领域，创造新事物，也可以将已有成果创造性地应用到其他领域，这些都称为创新。换而言之，已有的旧东西融入新内容，展现新形式，都可称为创新。正确理解“创新”的科学内涵，有助于全面认识创新，有助于避免对创新认识产生误区。创新成果一定要具备以下两个条件：一是“新”，新的发明、新的思路、新的技术和新的方法等；二是“有价值”，有益于推进社会生产力的发展、促进经济增长及提高人民生活水平的价值。总之，创新是为实现特定的目标而进行的实践活动，遵循事物内在的发展规律和特点，转变事物的自身结构及存在状态，从而事物呈现出新的形态的过程。

随着知识经济时代的到来，创新规模不断发展壮大，创新不单单是经济活动，已成为构成国家能力必不可少的组成部分。为此，创新能力已成为衡量国家综合实力的标准。也就是说，当今中国欲跻身于世界先进民族之列，不能没有创新能力。我国正处于社会主义现代化发展的初级阶段，在全球经济一体化的大环境下，中华民族欲实现社会主义现代化目标的关键是要具备足够的创新能力。因此，创新是知识经济时代发展的内在动力和基本要求，创新意识和创新能力的培养是知识经济时代的特征。

二、创新能力

（一）创新能力的概念

创新能力是指怀疑、批判和调查的能力；是人们产生新认识、新思想和创造新事物的能力；是指研究者运用知识和理论，在科学、艺术、技术和各种实践活动中，不断提供具有经济价值、社会价值和生态价值的新思想、新理论和新方法的能力，包括发现问题、提出假设、论证假设、分析问题、解决问题，以及在解决问题过程中进一步发现新问题，从而不断推动事物发展变化等；是个体运用已有的基础知识和可以利用的材料，并掌握相关学科的前沿知识，产生某种新颖、独特、有社会价值或个人价值的思想、观点和方法的能力。人类与动物的区别之一在于人具有其创新能力，这种能力是主体通过有目的的创新行为表现出来的一种积极的心理倾向。

（二）创新能力的典型特征

人类的创新能力涵盖了理论、战略、知识、技术和制度等五个基本方面，这些方面共同构成了人类创新的基石。这五方面的创新能力，不论是哪个领域，都具备某些共同特点，这也是创新能力的一般典型特征。

1．及时性

随着社会发展和经济环境的演变，人们需要一种全新的视角、理论、产品和工艺，以适应不断变化的需求，只有在这种情况下，才能创造出恰当的社会和最大的经济效益，这就是所谓的“后发优势”。在这种情况下，谁能在别人之前抢先完成这项任务，就能获得成功，这正是我们常说的“一步先，吃遍天”的道理。这是指一个人必须有超前的眼光和敏锐的观察力，若行事迟缓、懈怠和观望，便会落后于他人，致使他人抢先一步，从而难以实现创新。

2．突破性

创新就是突破，但突破性则不全是创新。将突破性视为人类创新能力的显著特征，源于其在人类创新能力中的不可或缺之处。创新首先意味着对旧习惯、旧模式、旧布局及旧程序的改变和完善，这就是突破。突破要发现问题和提出问题，即我们需要突破的点，通常是已有的成果中存在的不足与尚未解决的矛盾。提出问题是科学研究的新起点，因为提出问题意味着看到了新的可能。问题的提出实际上是对现实的否定性质疑，这种质疑激发了创新的热情。人类社会历史总是从矛盾开始的。人类的前进源于不断解决的矛盾，只有在这些矛盾中寻找突破和实现突破，才能推动事物的不断发展，从而推动人类文明的不断进步。从这个意义上说，人类历史就是不断地发现新问题并寻求解决问题的方法，从而获得进步或革新的过程。若缺乏创新突破，则事物将陷入徘徊、停滞和倒退的境地；有突破性，则能开创新局面。具有突破性的特质，一旦打破了缺陷，就有可能创造出全新的可能性。人类社会也一样，只有当突破了旧观念或新理论时，才能够产生新思想、新发明。为了实现突破，必须不断地进行实践探索，不断地尝试新的可能性。在科学研究领域内，“发现与创造”是一种重要的思维方式和研究方法。波普尔的证伪主义认为，科学的真实性无法得到证实，只有通过“问题—猜测—反驳—问题”的过程才能得到证明。要在证伪的过程中获得突破，必须不断地进行实验和探索，以找到最为高效的方法。任何一个学科都需要通过大量的实验才能建立起自己的理论框架和基本理论体系，从而达到完善自身体系的目的。人类的创造性思维在不断地探索和实践中得到了磨炼和提升，其成果也在不断地实践和探索中得到了验证。任何一个新事物、新发明、新工艺的出现，都不是孤立存在的。不论是知识的创新，还是技术的创新，都需要在特定的领域、范围或相关结构上实现突破性进展、创造性思维、创新性设计和工艺等方面的创新。如果不突破传统思想文化观念的束缚，不进行大胆而富有开拓性的探索，那么一切成果都将成为空中楼阁。唯有在突破的道路上不断前行，才能真正实现创新的境界。恩格斯对马克思在经济学和历史学领域中的“两大发现”赞叹不已，其中一项是关于剩余价值的理论，而另一项则是关于历史唯物论的。前者揭示了资本主义生产关系产生与发展的规律，后者则为社会主义经济制度奠定了坚实的哲学基础。在前人的研究成果基础上，我们取得了一项具有突破性的进展。爱因斯坦的相对论开创了牛顿宇宙理论体系的新纪元，为现代宇宙学的发展奠定了坚实的基础。

3. 实践性

马克思说过，“全部社会生活在本质上是实践的。”实践是人类生存和发展的基本条件，也是推动历史前进的强大动力。实践是人类对世界进行认知和改变的过程，其具有客观存在和物质本质的特征。实践是人类历史发展的源泉，没有人的自由全面发展就不会有共产主义，创新也同样如此。创新的实现需要建立在实践的基础之上，它是在前人的实践基础上进行的一种创新，而创新的设计、构想和知识体系，则必须通过实践的检验、不断的丰富和完善来提升。没有实践就没有创新。有些创新是通过进行科学实验来实现的，而科学实验则是一种具体的实践操作。创新是对已有经验的扬弃，它既包含着创造性思维方法的运用，又体现出创新性成果。创新的实践意义在于，它不仅仅是为了创新而创新，更是为了在实践中不断进步，从而改变整个世界的面貌。因此，创新就是要把现实中存在着的事物作为对象去研究，从而发现它们之间的联系与发展规律。若不对特定领域或范围进行变革，创新便失去了其真正的价值。

4. 综合性

在创新的道路上，人们不断汲取前人的经验、知识和理论体系，不断进行新的实践和总结，从而创造出全新的产品和经验。创造性就是通过对事物的本质及其运动规律的探索发现新问题，提出新发明或革新方法。创新需要人们具备综合分析的能力，善于将零散、不完整和不系统的经验、思维和设计方案进行整合和归纳，以形成系统化和完备化的理论和设计。创造需要具备丰富的专业知识及较强的思维能力。文明者的创造并非仅限于全能，而是需要在所从事的专业领域内熟练掌握相关知识和技能，并综合运用现代科技成果，以开拓新的领域、取得新的进展。

5．普遍性

如政治家、科学家、工程师、作家、艺术家和军事家等，就具备着创新的能力。在大多数情况下，人的创新能力主要体现为一种潜在能力。实际上，任何一个在特定领域拥有一定知识和实践经验的人，都具备在其身上进行创新的能力。所谓“创新”，就是创造新事物的活动。这一潜能潜藏于人类身上，然而由于客观环境或个体主观能动性的差异，其未被完全挖掘出来。

6．能动性

人类的创新能力源于其内在的主观能动性，因此人类的创新能力最显著的特征在于积极地利用客观条件，并对其进行改造。培养学生的创新意识、创新精神、创造能力，首先应着力开发人的主体能动性，使其充分发挥主动性和创造性。人类的创新能力是一种将思维和实践有机结合的过程，通过有意识、有目的、有计划地反作用于客观世界。因此，人的创新能力具有能动性特点。为了在客观世界中实现创新和成就，必须激发人的主观能动性，以产生反向的影响力。人的创新能力就是人的能动创造性活动及其成果。人类的创新能力源于对目标本质的深刻理解，同时也受到个体需求的影响，这是对人与客体世界之间价值关系的深刻认知和精准把握。创新，不能只被动等待或者一味地观望，不去发挥人的能动性，创新就落不到实处。人的创新能力的能动性不仅在于主动地反作用于客体，而且在于思维的相对独立性。人的创新能力的作用本身就意味着不同于前人，不能单纯模仿，而是要发展独立思考、独立判断及独立得出结论的能力。思维的独立性并不意味对他人的观点不闻不问，而是不盲从前人的经验与已有的观点。在独立思考问题中积极地发挥自己的主观能动性，才能另辟蹊径，发现新问题，并找到解决问题的新方法。

7. 联动性

人的创新能力不是与生俱来的，而是在社会实践过程中逐渐形成的。为了实现创新的目标，创新能力必须依赖于方法和技术的有机结合，这是人类创新能力的相互促进和协同体现。从本质上说，人的创新活动就是人的思维、观念和知识等心理方面的活动。若缺乏此项技术和方法的支撑，人类的活动将无法被视为真正的能力，仅仅是一种思维和概念而已。人的创新能力必须从实际出发，以解决现实问题为目的。人类的创新能力的发挥是在一个相互关联的系统中完成的，这个系统中的各个要素之间相互依存，因此要发挥人类的创新能力，不仅需要技术和方法的支持，还需要技术本身作为一个链性结构来支撑。这样，我们才能从理论到实践地把人的创新能力的培养落到实处。由于事物的演化过程相互交织、相互影响，因此要发挥人类的创新能力，必须在系统性思维的指引下，遵循链条化的思维方式，而不是盲目跟风，只有这样才能保证人的创造性得到充分发挥。创新思维的深度和创新方法的可行性，以及技术的有效性，都可以从人类创新能力的联动性中得到体现。从本质上说，联动性就是人的创造力与其他能力之间的相互关系。实现人类创新能力的联动性是至关重要的，只有具备联动性的创新能力，才能真正实现创新的目标。

8. 应需性

人类的创新能力源于其内在的需求和冲动，只有在这种情况下，人们才能意识到创新的必要性和可能性，并将其应用于实践中。因此，人的创造性活动必须建立在现实需求之上。当现实无法直接满足人类的需求时，人们会追求改变现实，以创造更加完美的世界，这是激发人类创新能力的动力源泉。从理论上看，这种努力必然会导致创新成果的出现，并最终形成一种社会财富。此外，必须证明人类创新能力的实在性和唯物性，即其创新能力源于实践中的需求，源于对新问题的解决，不是随意臆断，也不是毫无意义和规律的行为。人的创新活动总是由客观的需要引起的，并通过一定的行为方式实现的。对此，有进行两种解释：一种是顺应人们的需求，另一种则是模拟人类的需求。拟应是一种提前预判、主动掌控的反应方式，以达到最佳效果。人类的创新能力可以通过两种不同的方式来展现，一种是根据人们的需求来施展，另一种则是根据人们的需求来发挥，这两种方式各不相同。它们之间的差异在于一种“蕴含”与一种“潜在”，前者源自人们在现实中迫切需要但尚未实现的目标，从而激发了人类的创新潜能。因此，在人类社会发展过程中，人的创新能力总是要随着人对现实的认识不断深化和实践活动逐步展开而得以提高的。而后一项关系到激发人们内在的需求，针对这些需求发挥人类的创新能力，相较于前一项，思维更具有前瞻性。人类的创新能力必须通过满足其内在的“含”和“潜”需求，才能实现其显性化。

9. 贯通性

创新并非脱离现有条件，而是在特定条件下建立的。人类的创新能力在思维和实践之间形成了一条贯穿始终的路径，这种路径被称为贯通性。因此，只有在对人类社会生活有深刻认识基础上，才能实现真正意义上的创造性。首先，人类在思维领域点燃了创新的火花，通过运用思维的综合能力和分析能力，将创意固定和整合，然后将其从思维层面延伸到实践层面，从人的大脑到人的手和脚，从理论层面贯穿到行动层面，这才是人类创新能力的完整过程。如果没有这两个方面的结合，就不可能有真正意义上的创造性活动。其次，人类的创新能力需要在各个领域中保持连贯性，以确保其在不同层面上的有效性。如果我们将大脑比作一台机器，那么缺乏“贯通性”的大脑就会变成一台生锈的机器，或者是一台被卡住的机器。我们必须从整体上把握人类的创造力，并通过各种有效的方式来提高人们的创造性思维水平。在实践中，即使是微不足道的一个环节出现阻碍，也会对人的创新能力正常发挥造成阻碍。因此，创新必须贯穿于一切活动之中。为了确保发展的可持续性和赢远性，我们必须创造出一种全新的贯通性，这种贯通性不仅可以在当前取得胜利，也可以在未来获得胜利。

（三）创新能力的构成

创新能力蕴含了多个层次的含义：①创新思维层次，其为创新能力的核心。创新思维由逻辑思维、形象思维、发散思维、辩证思维、纵向思维和横向思维等6个主要因素构成，同时具有变通性、独特性、流畅性、敏锐性和精密性这5个特征。②创新智慧层次，其为创新能力的基础和手段。创新智慧是指人生观、价值观、世界观和社会实践中所积累的经验等，这些是从认识事物内部客观规律而获得的，并用来解决具体问题的能力。③创新人格层次，其为创新能力的动力和方向。创新人格是指创新人才应具备的个性素质，如敏锐的观察力、坚强的意志力、幽默感、乐观向上的精神、独立自主，以及富于社会责任感等性格品质。这三方面的层次融会贯通，彼此联系，相互转化，最终形成了创新能力。

（四）创新能力的内涵

创新能力指的是在科学、技术、管理和各种实践领域中，运用知识和理论，不断提供具有经济、社会和生态价值的新思想、新理论、新方法和新变革的能力，以质疑、评判和调查的方式不断推动创新。创新能力不仅表现为对问题解决或解决问题过程中所体现出来的创造性思维，还表现为通过创新活动获得新知识并加以应用于生产实践之中的综合素质。在当今新的知识经济时代，创新能力已经成为一种综合性的能力，它是由多个方面的因素相互融合而成的。培养学生创新能力是当前教育改革发展的重要方向，也是实施素质教育的必然要求。创新能力的内核应当涵盖知识获取、事物观察、信息处理、不屈不挠的毅力及精诚合作等多个方面。创新能力主要由创新思维品质、学习习惯、自学能力、解决问题的能力及创造个性品质构成。这些能力和素质之间存在着一种不可分割的相互依存关系，二者相辅相成、相互促进。

1. 创新能力的基础——获取知识的能力

科技高度发达的 21 世纪，获取知识的途径也多种多样，人类应具备从多种知识载体中获取新的信息和知识的能力，进而促进人类社会不断发展。总的来说，有两种获取知识的途径，即直接途径和间接途径。直接途径是从阅读图书或亲身实践中获取知识，间接途径是从人与人的交流或承载信息知识的媒体中获取知识。网络信息时代的到来，加速了知识和技术的更新。为此，人类的学习不能间断，终身学习便是这个时代的新特征。

2. 创新能力的源泉——观察事物的能力

人们常说“处处留心皆学问”。观察事物的能力就是人们在对周围事物进行有目的、有计划而且比较持久的知觉过程中，能全面、深入、准确及迅速地把握事物特征，并提炼出自己感兴趣的素材的能力。这就要求我们要仔细地观察本学科及相关学科的发展，同时要留意社会和经济等制约因素的发展状况。培养人类的观察力就要开拓观察事物的视觉，端正审视发展变化的态度，提高自身观察事物的能力，这样就能够寻找到新的问题，进而促进创新的产生。

3. 创新能力的关键——处理信息的能力

处理信息的能力是指人类从获取的知识和信息中提炼出有益于自身发展和本

专业学科建设的信息，提取有助于解决课题中的难题和促进任务完成的信息。信息的处理过程，本质上是一个信息整合和凝练的过程。在这个过程中，人们要尊重事实，去伪存真，取其精华去其糟粕，注重捕获和运用关键信息，寻求处理问题的方法，这便是培养创新能力的关键。

4. 创新能力的动力——坚韧不拔的毅力

坚韧不拔的意志品质，是推动人类社会不断进步的不竭动力。从古至今，生活中和事业上取得成功的人无一例外都具有顽强的毅力和开拓进取的精神。坚韧不拔的毅力便是成功的保证，是面对挫折的法宝和诞生奇迹的暖床。创新的本质是突破，即突破旧的思维定式和旧的常规戒律心、有决心、有毅力。想要赢得事业上的创新，就要不断培养坚韧不拔的精神。

5. 创新的核心——精诚合作的精神

现代各领域的创新越来越倾向合作，虽然个人冒险和探索精神不可缺少，但个人的创新始终有限，而集体的创新是无限的。当今时代科学技术高速发展，一项重大课题大多涉及众多领域，因此必须依靠团队合作来完成。团队通过开展研究和讨论，经过竞争与合作来积累经验、积聚力量、启发创造性思维和激发热情，使团队内各成员之间形成和谐和融洽的氛围，实现团队与成员共赢。

（五）创新能力的作用

在知识经济时代，为了满足对高素质人才的需求，改革教育教学的发展方向，大力培养学生的创新能力，让他们成为具有创新思维的杰出人才。

1. 提高我国的综合国力和国际地位

世界上许多专家学者在探究穷国和富国的差距根源时，都得出这样的结论：富国的雄厚国力的积累来自国民丰富的创新创造能力。而那些穷国的国民的创新创造能力却被种种因素所限制。正因为这样，联合国对缩小贫富国家之间的差距所提出的对策之一就是加速开发落后国家的国民的创新创造能力。

当今世界各国之间竞争的重点已经转化为以经济、科技为中心的综合国力的较量，而归根到底则是作为科技载体的人才的竞争，谁率先拥有了具备较强创新能力的人才，谁就将在这场激烈的国际竞争中争取到更大更宽松的发展环境。因此，党和国家将科教兴国确定为我国的基本国策，是完全正确的。教育是基础，以创新教育为重点的高等教育，必须在科教兴国战略中发挥培养创新人才的龙头作用。

2.完成我国社会主义初级阶段的发展战略需要

从社会发展阶段来说，我国还处于社会主义初级阶段；从世界范围的横向比较来说，我国虽然经济总量已经居于前列，但人均收入仍较低，经济、文化、科技发展水平也相对落后。因此，对于承担祖国未来建设主力军任务的大学生来说，就要义无反顾地承担起历史和时代赋予的使命，全面提高创新能力，为社会创造更多、更好的物质和精神财富，为全面建成小康社会贡献力量。

（六）创新能力的种类

1.发现问题的能力

问题是启发思考的源泉，是创新能力的重要基石，发现问题是解决问题的前提，发现问题往往比解决问题更为重要。我们生活的世界存在着各种各样的矛盾，当某些需要处理的矛盾反映到意识中时，这就是发现问题的阶段。从问题解决的阶段性看，这是第一阶段，是解决问题的前提。

发现问题不论对学习、生活、创造发明都十分重要，是思维积极主动性的表现，在促进创新上具有重要意义。

2.提出问题的能力

提出问题的能力是指从外界众多的信息源中，阐明自己所发现的、有价值的问题信息的能力。“提出问题”不是仅仅指带有问号的一般性问题，而是特指那些可以引起思考和探究的问题。没有问题就难以诱发和激起求知欲，就不会去思考、去创造。因此，培养学生善于提出问题的能力，是促进个体认知发展的重要途径，也是教育学生学会学习的方法之一。提出问题的前提是发现问题，如果没有发现问题，就不能提出问题，科学探究便无从谈起。因此，善于发现问题和提出问题是创新能力的重要表现。

3.分析问题的能力

分析问题的能力指的是将事物分解为多个相互关联的部分，并对其进行深入研究的技能和能力。它要求我们用系统的观点去观察、分析事物及其内部各组成部分的内在联系。事物乃是由多种元素、多个层次、多种规则所构成的一体化整体。这些要素或层次、规定性都具有相对独立性，并受一定条件制约，因而它们有各自的属性特征和表现形式。一种有效的方式来认识事物，是将其各个要素、层次和规定性在思维中暂时分离开来，以便深入研究每个局部的性质、相互关系及局部与整体的关联。只有这样才能使我们对事物有一个全面深刻的理解。以由浅入深、由易到难的方式认知事物和问题，实现由表及里的认知。

问题分析能力的强弱取决于三个因素，首先，个体所拥有的知识、经验和天赋；其次，我们需要具备高超的分析工具和方法水平，以及共同探讨和合作研究的高品质。分析问题的能力是学生学习科学所必需的一种重要技能。随着科技的不断进步，高性能计算机和各种科学仪器的涌现及新型分析方法的广泛应用，人们的分析能力得到了显著提升。因此，在教学中培养学生分析问题能力是必要的和可行的。当然，在分析问题时，我们的能力可能会受到限制和片面性的影响，容易只关注“树木而忽视森林”，从而忽视了整体的重要性。联系中去认识事物和解决问题。掌握事物的本质。不能对现象进行全面、深入的研究。因此，将分析能力与综合能力相互融合，可以实现优势互补，相得益彰的效果。

4. 解决问题的能力

解决问题的能力包括提出问题和提炼问题，运用已有的经验、知识和方法进行选择和调动，设计和实施解决问题的方案，以及创造性地组合现有方法和提出新的解决方案来应对难题。解决问题是人类特有的一种创造性行为。在解决问题的过程中，我们可以将其分为狭义和广义两种，其中狭义的解决问题指的是各种物理、数学和技术问题的解决，而广义的解决问题则包括各种思维活动，因此，我们的创新能力等同于我们创新性地解决问题的能力。

第二节　大学生创新能力培养的原则

在学术界，对于当代大学生创新能力的培养已经形成了基本共识，但是在具体的培养方式和方法上，我们还需要进行系统的梳理和总结，以更好地推动我国高校大学生创新能力的发展。笔者结合自己多年来从事高等教育工作的经验，对这一问题提出了一些看法和建议。我们必须以当代大学生创新能力培养的多项基本原则为指导，并根据各地实际情况制订相应的措施，以进一步提升当代大学生的创新能力。

一、开放性原则

开放性原则要求教师在任何情况下都应该给予大学生足够的自主权，鼓励他们勇于表达自己对同一问题的不同见解和想法，同时也要尊重和鼓励他们在解决同一问题时所做出的一切有效和无效的努力。这就要求教师不仅是知识的传授者，更是学生思想政治教育的引导者、合作者与指导者。人类社会在漫长的发展历程中，经历了无数次看似不可能的艰辛努力和奋斗，就是这些努力和奋斗真正地改变了我们的生产方式、生活方式和思维方式，从而推动了社会的进步。

在高校实际教学实践中，教师应当摒弃传统的高高在上的作风，而是倡导师生共同学习、共同思考、共同寻找解决问题的各种不同方式和方法，只有在这样的过程中，大学生才能逐渐发现、发明、创造和进步，才能成为具备创新能力、适应社会主义市场经济竞争机制的人才。

二、主体性原则

在大学生创新能力培养的过程中，主体性原则旨在激发大学生的学习热情，激发他们在自我学习和发展中的主动性、积极性和创造性。“高校的创新活动要时刻以学生为主体，紧紧围绕创新型人才的培养思路和教学来进行。”因此，高校的课堂教学是整个教学活动中最重要、最富活力的环节之一，而师生之间的关系又是构成这一重要环节的基本因素。现代教育理念告诉我们，建立和谐友好的师生关系需要我们在教学过程中充分发挥教师的主导作用，同时也要充分发挥大学生在学习中的主体地位。我们需要培养大学生的创新能力，以帮助他们更好地解决人类社会在发展过程中所面临的各种困难。作为中国未来社会的接班人，大学生肩负着振兴祖国和实现中国梦的伟大历史责任，然而在这一历史进程中，必然会遭遇无数艰难险阻，因此我们迫切需要培养大学生的自我意识和主动性，激发他们的主人翁意识，提高他们在解决问题时的积极性、主动性和创造性。

三、多样性原则

在大学生创新能力培养的过程中，多样性原则强调的是不将培养目标绝对化，而是从每个大学生的独特情况出发，探索适合其个人实际情况的发展方向。这种理念已经成为目前我国高校人才培养方案的基本指导思想之一。我们需要对现有的大学生考核体系进行不断的改革和完善，以独立思考为逻辑起点，注重大学生对所学知识的理解和掌握，并建立一套具有一定原创性的考核体系，以替代传统的简单死记硬背方式，从而更好地应对考试。本书通过分析我国当前大学生创新教育现状，提出了基于多样性原则的大学生创新教育新模式。不论处于何种环境中，任何事物的存在和发展都必然呈现出多样性，因此，当代大学生的创新能力培养也应该因人而异，呈现出各自独特的特点。在遵循大学生创新能力培养基本规律的前提下，各高校应更多地以自身实际情况为基础，探索独具特色的培养发展路径。其次，各高校要根据自己所处的地理位置及经济环境等具体情况来制订相应的培养方案，并通过合理有效的方式对其进行管理。在我国高校中，不论是在生源素质、学习能力还是学校办学特色方面，都存在着显著的差异，因此无法采用绝对标准化的培养模式，即使有，也不能完全适应每一所高校的实际情况。所以，为了更好地提高大学生的创新意识和实践动手能力，很多高校开始探索更加个性化、多元化的培养方式。在同一所学校中，不同大学生之间的个体差异也显而易见，每个人的学习基础和兴趣爱好也千差万别，因此在大学生创新能力培养的过程中，我们必须坚持多元化的培养方针，因材施教，避免简单的“一刀切”培养和考核模式，尊重每位大学生的发展实际需求，帮助他们找到自己独特的人生发展道路。

四、网络化原则

在大学生创新能力培养的过程中，我们应当充分利用互联网所带来的机遇和挑战，以实现网络化原则。互联网是一把“双刃剑”，既能够为高校教育提供新的教学理念与方法，又能够极大地促进我国高等教育事业的发展，同时还能有效地提高学生的学习兴趣和自主创新意识。在当今社会，互联网对于我们人类社会的生产、生活和思维方式所带来的影响是不可忽视的，因此在大学生创新能力培养的过程中，我们不能忽视或轻视互联网对当代大学生成长和成才的影响。网络既能为学生提供丰富而又便捷的学习途径和方法，同时又可能使他们受到各种负面因素的影响和制约。随着互联网时代的到来，许多有益于大学生成长成才的知识和资源已经被分散到互联网的各个角落，呈现出碎片化的特点。因此，我们应该鼓励大学生利用互联网来搜集、整理和交流相关知识和资料，甚至可以通过互联网来分析和解决我们现实生活中存在和需要解决的问题。当今之日，互联网已不再是阻碍大学生成长成才的绊脚石，反而成为了推动和提升当代大学生创新能力的催化剂。因此，要充分发挥互联网在培养学生创新意识与创造精神方面的重要作用。互联网是当代科学技术的结晶，是我们现代生活中不可或缺的生产和生活工具，它并不具备道德属性，作为一种工具，其使用价值更多地取决于使用者的行为驱动力。高校教育工作者应该充分认识到网络时代对大学生产生的深刻影响，并及时地采取有效措施来应对这种冲击，倡导大学生将互联网上的有益信息与个人的专业或兴趣爱好紧密融合，以此为基础重构和重组符合每位大学生实际情况的知识框架和结构，从而提升大学生独立思考问题的能力。同时，还可以利用网络技术为学生提供学习资源平台，使他们更多地从网上获取本专业的内容和信息。在实际的教学过程中，我们可以充分利用网络技术，开展各种旨在将现代网络教育技术与传统课堂教学有机结合的教学实践活动，如慕课、精品课和网络考试等。

五、系统化原则

在大学生创新能力培养的过程中，系统化原则指的是我们遵循一定的教学和培养理念，对大学生创新能力培养所涉及的各个方面的影响因素进行分类整理和有效加工，以实现有效的结构排列和集中呈现，以达到某一目标的实现。从这个意义上讲，系统化原则就是一种以系统思想为指导，以系统工程方法作为手段来构建高校大学生创新能力培养体系的科学方法论。当代大学生创新能力的培养是一项系统性的工程，单靠某一方面的改变或在传统培养模式上的修补，难以从根本上解决当代大学生创新能力不足的问题，这样做的效果微乎其微。所以说，只有全面系统地构建起与之相适应的高校人才培养方案，才能真正提高当代大学生的创新精神、实践能力和综合素质。为了达到我们的预期效果，我们需要对当代大学生创新能力培养的模式进行系统化的改革和调整，不能仅仅局限于对某一或两个方面的调整和改变，必须采取更为全面和系统的措施。在当代大学生创新能力培养的具体过程中，我们需要转变传统教育观念，构建具有创新性的教育理念，以实现从传统知识记忆为主的学习目标向以创新性的灵活应用为导向的教育目标的转变；实现教学手段由单纯地注重书本理论知识灌输到对学生实践能力与创新意识等多方面综合素质进行全方位的提高；实现教育功能从简单地强调个体社会化向个体社会化和个性化相结合的科学发展道路转变；实现教育内容由单纯地注重学生专业知识技能的掌握到重视学生创新意识和能力的培养等方面进行改革。实现教育模式的转型，从单向输出和接受为主，向双向互动为主的教与学模式转变；实现教育考核从单一评价方式向多元化评价体系的转变，以适应时代发展的需求；实现学校管理体制由封闭型管理向开放型管理的转变等是当前我国高校改革与创新人才培养机制的主要内容。建构一套适应当代大学生创新能力培养的制度和激励机制，从根本上改变我们以往的教育理念、教育目标、教育职能、教育评估方式，以及教育的制度和激励机制。

第三节　大学生创新能力培养的意义

一、有利于提升国家科技水平

中国自古以来的发明创造数不胜数，“四大发明”更是享誉世界。但近代以来，由于教育改革和人才培养的落后，导致中国的科技水平、制造业生产落后于发达国家，甚至一些核心技术只能依赖进口，导致中国制造的关键技术出现“受制于人”的局面。自主创新能力不足导致的技术受限，为中国制造和经济发展带来深远的影响。例如我们每天都要接触的移动手机，这是我们日常生活中最常见的电子产品。从刚开始的传呼机到 5G 手机的发展，表明中国的手机制造业已经进行了跨越式发展，但在核心技术上仍然存在受制于人的局面，这对我国建设创新型国家提出了巨大挑战。

面对部分关键技术依靠进口，市场份额较少的局面，党中央正确分析国内外形势，坚持实施创新驱动发展战略，加快建设创新型国家战略步伐，坚持加强基础研究、应用基础研究和关键核心技术攻关。我国加大创新科研经费的投入，全球创新指数排名从 2015 年的第 29 位跃升至 2020 年的第 14 位，一批关键核心技术取得突破。因此大学生作为国家科技创新的重要力量，提升其创新能力能够为创新型国家建设提供源源不断的智慧支持，能够增强国家的自主创新性，并逐步打破发达国家的技术垄断。

二、有利于实现创新强国

我国进入新发展阶段，国内外发展环境条件产生深刻变化，我们在攻坚克难的阶段面临很多新的机遇与挑战。全球经济环境形式复杂，不确定性和不稳定性增加。随着新一轮科技革命的开始和产业变革深入发展，国家间开展了以经济实力和科技实力为基础的综合国力的竞争。随着科技发展和社会进步，创新在国家实力发展中占据越来越重要的地位，成为综合国力的核心和国家竞争力的关键。国家创新力的竞争归根到底是人才的竞争。新时代要推动高质量的发展，必须贯彻创新发展理念，加快创新型国家建设，才能在激烈的国际竞争中处于更加有利的地位。大学生作为国家的储备人才，他们创新能力的大小，影响我国迈向创新型国家步伐的快慢。增强青年人尤其是大学生的创新能力培养对加快建设创新强国的进程有重要意义。

三、有利于建设高水平大学

高校作为教育的主阵地，发挥着人才培养和输送的功能。一直以来，高校的教育改革都是国家发展中不可忽视的问题，培养创新型、高素质的人才是高校的责任和发展目标。纵观中国近代以来的发展，高校都是紧跟时代和社会需求，培养社会发展所需要的人才。进入新时代，面对建设创新型国家的战略决策，加快高校教育改革和人才培养方式成为高校发展的重要内容，培养国家所需要的创新型人才，建设一流大学成为高校的重要任务。

（一）创新加快高校人才培养

创新型国家建设的最重要、最核心的问题是创新人才的培养。高校作为人才培养的主阵地，要充分发挥教育作用，而创新人才的培养是一流大学和高水平大学义不容辞的根本任务。对于这一根本任务和目标，高校要创新人才培养模式，加大人才培养力度，将创新能力的提升作为人才储备的主要手段。

创新对高校人才储备的积极作用体现在人才培养内容和人才培养模式上，通过两个方面的改革加大高校创新人才的培养。从人才培养内容来看，纵观中国近代以来高校教育的人才培养都不开创新。社会发展的不同时期，学校的教学内容不是一成不变的，而是不断根据国家需要、社会发展以及行业需要来充实和创新教育内容。例如，改革开放初期，面对国家大力发展重工业，不断在机械、冶炼等行业发展的需求，当时的高校目标主要是培养有专业技能和专业素养的工业人才，来发挥高校对社会发展的知识支撑作用。

随着素质教育的提出，高校在教学过程中更加注重学生综合能力的培养，坚持以人为本的理念，尊重学生个性发展、强调学生问题意识、批判能力、独立思考能力培养和创新思维的培养。其次，创新的发展促进高校在教育内容方面不断改革。高校教学不再局限于理论知识的灌输，而是更多地倡导独立思考和学习，通过实践将创新意识和思维转化为创新能力。在对创新教育逐步重视的环境下，学生理论知识的学习不再局限于课堂而是更多地与实践、操作相结合。通过大力发展社团教育和实践训练，培养学生解决问题的能力，使得高校教育更具有时代性和实用性，高校的发展更加顺应时代发展的潮流。从人才培养模式来看，人才选拔和培养也需要创新。单一的依靠成绩选拔人才的模式已经难以适应社会的需要，在国家推行素质教育和全面发展的号召下，高校在人才选拔机制上也有所创新。高校在选拔人时更加看重个人品德以及综合能力的体现，树立以人为本的教育理念，在评价人才时采用多方面多角度评价，从成绩、社会实践、学校活动等方面进行考核。因此，创新使得高校的人才输送的数量和质量有所提升，更好地发挥了高校的社会服务功能。

（二）创新推进高校教育改革

1985 年我国做出关于教育体制改革的决定，决定再次强调社会主义建设必须依靠教育，因此一定要进行教育改革，而改革的着力点主要在管理体制完善、教育结构优化、教育思想等方面。此外，文件中创新性地提出要把发展基础教育的责任交给地方等措施。随后，中国的高等教育在高校调整、重点共建高水平大学、“211 工程”等多个方面推进。

进入新时代，随着国家做出建设“一流高校”、建设创新型国家的决策，高校在教育内容上也相应的做出改变，在高校教育中注重创新相关内容的教导，将创新与实践相结合，坚持理论与实践相结合的方法，推进高校教育改革。

目前，教育改革已经进入深水区，面对“硬骨头”的任务，必须认识到教育改革要依靠创新，“唯改革创新者胜”。教育是民族振兴和社会进步的重要基石，是综合国力竞争的重要因素，因此高校教育改革必须依靠创新，用创新推进改革的步伐。

（三）创新推动高校履行职能

高校作为国家知识创新体系的主体，为国家和社会发展提供“源动力”。高校有四个基本职能，分别是人才培养、科学研究、社会服务和文化传承创新。高校要依靠创新驱动发展，以国家需要为方向，以一流高校为目标，积极履行高校职能。

在人才培养方面，创新能力的培养为高校履行职能提供动力。高等院校经过长久发展，已经拥有系统完整的知识体系、有专业的教师队伍以及老中青结合的学术团队，但随着国家和社会的不断发展，高校也要不断创新、更新自己的知识体系和人才水平，并为国家的人才需求提供了稳定的输出。在社会服务层面，一方面，高校通过教育创新改革，培养一批有素质有方法的专业教师，完备教师队伍建设，对提升高校的科研能力有促进作用，从而更好地履行社会服务的职能。另一方面，高校对大学生创新能力培养的重视，可以为企业和社会传递创新意识，用创新成果引领社会，有利于营造浓厚的创新氛围。从文化传承来看，创新丰富了高校的文化传承形式。学生通过社团活动、文艺活动，为中华优秀传统文化注入了新的表现形式，向社会，乃至世界展现了中华传统文化的美，一方面促进了优秀文化传承，加强了文化自信：另一方面更好地履行高校文化传承创新的职能。创新驱动是高校履行基本职能的关键一招。

（四）创新促进高校成果转化

高校大学生通过理论学习和实践经历对物质世界有了认识，随后又通过实践不断检验认识。在认识与实践运动中将理论知识、科研想法转化为实物，转化为促进社会生产力发展的产物，这一过程中依靠的就是创新能力的运用。通过创新能力的提升来促进科技成果向现实生产力转化，提升高校科技成果转化率，切实增强高校职能的发挥。

大学生创新能力的培养成为创新成果转化过程中的关键一环。教育部、科技部发布《关于加强高等学校科技成果转移转化工作的若干意见》强调“科技成果转化是高校科技活动的重要内容，高校要引导科研工作和经济社会发展需求更加紧密结合，为支撑经济发展转型升级提供源源不断的有效成果。”此后，各高校所培育的科研团队在已有专业知识的背景和国家政策的引导下，通过加强创新思维培养，不断进行创新方法的尝试，将创新内容运用到解决实际问题中，最终让科研走进社会，转为促进经济发展的强劲动力，为建设创新型国家提供直接的动力。例如，部分农科类高校将现代技术与传统农业相结合，在农产品的优化、农业器具等方面做出创新，如烟台农科院研发的烟薯 25 号、江苏省农科院研发的南粳 46 号等，都是创新成果转化的突出案例。

四、有利于加强创新人才的培养

创新能力是人类发展过程中较高层次的能力，它对个人素质和综合能力具有很高的要求。创新能力的培养在高校教育体系是不可缺少的一部分，它对学生个人成长和未来发展方向具有重要的指引作用。

（一）创新推动学生持续发展

高校学生作为社会主义建设的中坚力量，必然要重视学生可持续发展的培养。对于青年人的成长要秉承毕生发展的观念，而创新能力正是个人持续发展的根本动力。

创新能力提升对学生可持续发展的根本动力表现在三个方面。首先，具有创新意识和创新思维能够使学生在日常学习中更有效率地掌握理论知识，并将已学到的知识运用于学习、实践生活中，用丰富的理论知识武装头脑，在学生拥有基本的能力后在真正进入社会大环境时，更加快速适应工作世界。其次具有创新能力能够使青年人更好地融入社会发展中，并跟随社会的不断进步获得个人长远的发展。个体的成长离不开社会，社会的进步则需要每个个体的参与。因此，个人毕生发展必然要跟随社会发展，要了解社会发展程度，适应社会发展的需求。社会是不断前进发展的，个人必然要拥有一定的创新思维和能力，保持终生学习和成长的理念，让创新成为个体持续发展的推动力。最后，创新能力是青年人毕生发展的推动力。马克思在“人的自由全面发展”思想中也指出人的发展是在改造自然、社会和主体自身的实践过程中实现的。

人的一生都在不断的探索和发展的道路上，那必然需要一个持久的推动力，那就是创新。青年人要想获得长久的发展和持续的进步，必然要紧跟时代的潮流、国家发展的步伐，做到“活到老学到老”，不断接受、学习新知识、新理论。

（二）创新提升学生综合素质

新时代大学生是社会主义建设的中坚力量，对于社会主义经济建设、优秀文化的传承和中国梦的实现发挥重要的作用，为了更好地承担建设社会主义的目标，必然要加强大学生个人综合素质的培养。大学生的综合素质是指个人的知识水平、道德修养以及各种能力方面的素养，具体表现为学习能力、思考能力、社交能力、解决问题能力、创新能力等多方面。创新能力作为大学生所有能力中最高级的部分，对个人素养和发展方向有重要的作用。习近平总书记指出当今社会经济竞争就是科技的较量，而归根到底是人才的竞争。在复杂多变的国际竞争中获得有利地位依靠的是创新。随着教育的发展和普及，就业和创业竞争逐渐激烈，如何在激烈的人才竞争中获得优势，加强个人综合能力的培养成为重中之重。

对于大学生综合素质的培养可以分为两部分即学校培养和社会培养。在学校培养中，学校为学生提供基础理论知识的学习，通过对专业知识的了解和吸收产生创新意识和思维。此外学校还提供丰富的实践场地和比赛资源，鼓励学生将创新思维运用于实践。在社会培养中，学生进入社会生产和社会实践活动中，将已有的专业知识与实际工作相结合，并在工作中不断更新、学习，完成个人的发展和成长。学校培养顺利过渡到社会培养的过程，学生的综合素质起到重要的作用，决定学生发展程度的是创新能力。因此学生综合素质离不开创新能力的培养。新时代的大学生接受高校创新思维和理论知识的培养后，能够掌握合理的知识结构，拥有必要的思维能力和分析问题解决问题的能力，并通过实践实习加以运用和掌握，从而提升自身的综合素质，增强大学生就业竞争力，提高职业可持续发展能力，为大学生个人持续发展奠定基础。

第二章　大学生创新能力的形成机理

本章为大学生创新能力的形成机理，主要从四个方面展开论述，依次是脑科学理论、思维科学理论、创新心理学理论、马克思主义科学的实践观。

第一节　脑科学理论

人类创新能力的塑造，必须建立在特定的生物学条件之上。人在先天遗传因素和后天环境教育影响下所获得的知识经验，以及通过学习、实践而积累起来的技能技巧都属于人类智力范畴。人类的神经系统尤其是大脑，构成了这一基础的核心。大脑不仅具有思维活动能力，而且还能进行创造性劳动。人类的创新能力的发展离不开大脑这一物质基础，它是创新能力发展的重要物质载体。因此，研究人脑及其活动过程与人类创新行为之间的关系具有重要意义。个体创新能力的形成和发展在很大程度上受到大脑的解剖结构和生长发育规律等。因此，对人类创新能力形成过程及其生理机制进行深入研究，不仅具有重大的理论意义，而且具有重要的现实意义。为了探究人类创新能力的形成机制，必须首先深入研究人类创新能力的生理和心理基础，也就是所谓的身心基础。大脑是物质高度进化的产物，是思维的器官，是人的一切智慧和行为的物质基础，是一切创新性活动的“发源地”。

一、大脑的结构及其功能

大脑由左、右两半球组成。左、右两半球的重量占人脑全部重量的60%，体积为整个中枢神经系统的1/3。大脑半球的表面有无数深浅不同的沟或裂，其间是隆起的脑回。每个大脑半球的表面形态，可以概括为“三个面”（背外侧面、内侧面和底面）、“四个极”（额极、颞极、岛极和枕极）和“五个叶”（额叶、颞叶、顶叶、枕叶和岛叶)。大脑半球的表面由灰质覆盖，称为大脑皮层，根据功能的不同，皮层可分为许多区，其中布鲁德曼的52个分区得到公认。这些区大体上可以概括为感觉区、运动区、言语区和联合区四个机能区域。

大脑的两个半球在解剖和功能上都呈现出不对称的特征，右脑负责形象思维，而左脑则主要承担逻辑思维任务。斯佩里教授于1981年获得诺贝尔奖，他通过大量科学实验证明了大脑左右半球功能不同，各司其职、互不重复、互不替代。大脑的左半球扮演着语言和抽象思维的中枢角色，它主宰着人体右侧的视觉、触觉和运动，为其提供了必要的支持；大脑的右半球则负责人类左侧的听觉、嗅觉和感觉等高级心理活动。人类视觉、触觉和运动的控制，是由位于大脑右半球的中枢所主导的。大脑左右两部分之间也有一定程度上的交叉重叠现象。尽管大脑的左右两个半球各自承担着不同的任务，但它们共同构成了一个不可分割的整体，而这个整体的左右两个半球并不是相互独立的，而是相互依存、相互补充的。因此，我们要想学好一门课程或学习一种知识，必须先从了解自己的左右两半球开始。在大脑中，一个完整的思维过程和信息的完整活动过程需要借助多个半球的协同作用，单靠一个半球是难以实现的。人体内有一条叫做“左脑梁和右脑柱”的神经通路，它把整个机体分成左右两半。大脑的左右半球通过4亿根神经纤维连接在一起，形成了一个神经网络，使得它们之间的联系得以建立，从而实现了左右半球之间的呼吸和交流。

每个大脑半球都拥有独特的意识链条和记忆机制，它们以各自独特的方式进行思考。即便切断左、右两半球之间高达4亿根的神经纤维，右半球仍可进行相当自主的学习、记忆和形象思维活动。

大脑的左半球主要从事运动语言的逻辑性思维，具备分析性思考的能力，同时表现出高度的顺序性和线性思维的特征。右脑则主要从事形象记忆和创造能力的培养与开发。该职位的职责在于指导负责人们进行各种活动，包括但不限于阅读、写作、计算和分类整理等活动。右脑主要参与形象化和抽象概括，并对事物进行观察比较。左半球善于运用抽象思维、逻辑思维、分析思维及集中思维等思维模式。在思维过程中运用了概念、命题、推理等一系列逻辑方法和技巧，具有严密的逻辑系统，对事物作整体的考察。右半球所采用的思维方式是基于表象的感性思维，通过形象的描绘和直观的判断来统摄全面的思考，从而呈现出一种具有片面性的思维。它能把事物现象化、具体化，并通过对事物本质的感知与认识来完成工作任务。右半球倾向于承担总体、综合、知觉、具体、类比等方面的任务，善于运用想象、虚构、发散、求异和感受等多种思维形式，包括形象思维、发散思维、直觉思维和灵感思维。

创新性思维活动的展开，离不开大脑左右半球的协同作用。左脑负责形象记忆和抽象思维，右脑则主要承担逻辑思维和创造性思维能力等高级功能。大脑的左右两半球在分工和协作的双重作用下，协同完成了那些复杂、精细的任务，这些任务对于那些左右对称、无分工的动物来说，是永远无法完成的。人类通过左右脑协同作用来进行创造性的思维活动，从而达到创新目的。

二、脑科学研究的最新成果对培养学生创新能力的启示

脑科学研究的最新成果，引起了人们的广泛注意和兴趣，也给创新教育带来了一个重要的启示：创新能力应当与脑科学挂钩，应当建立在脑科学研究最新成果的基础之上。

长期以来，我们的教育理论“重左轻右”，片面地强调左脑在创新性思维中的作用，忽视右脑的训练。其结果是学生的右脑思维能力得不到平衡和协调发展，使学生形成只习惯于用左脑进行思维的定势，缺乏创新性和开拓性。今天，脑科学的发展使我们越来越接近对大脑的真理性认识：大脑在结构上是一个系统，在功能上也是紧密联系着的，每一种功能的发展都受制于其他功能的发展。创新性思维也是如此。所以，在当前的教育改革中，我们只有科学、正确、合理地开发和利用学生大脑的功能，才能使学生左、右脑思维得到平衡，协调发展，发挥出最佳的创新性思维能力。

（一）培养学生右脑的创新性思维能力

大脑右半球在人类创新活动中的重要地位已为今天的脑科学发展所证实，而传统的思维方式和教育方式，更多地强调和发展左脑的功能，右脑的作用被忽视和抑制了。学生缺乏想象力、直觉能力、审美能力和审美逻辑的训练与实践，只是单纯地强调公式符号、形式逻辑、死记硬背、注经释句。因而，一定意义上，开发创新力重点是开发右脑思维。因此，创新教育必须注重培养学生右脑的创新性思维能力。

（二）改革教学方法

设计和运用能促进左、右脑思维能力平衡、协调发展的教学方法。第一，新的教学方法应保证学生的左、右脑在教学过程中都得到训练。第二，教师在教学过程中应使学生的左、右脑都处于积极、同步的思考状态。据研究，当左、右脑思维不同步、大脑新旧皮质不协调时，人们会感到不舒服，注意力分散，工作效率低。只有左、右脑达到同步、新旧皮质平衡协调时，大脑才处于最佳工作状态。在这种状态下，人们感到心情舒畅，头脑清醒，学习效率高，此时是发挥创新性思维的最佳时机。为此，教学过程中教师应善于应用语言信息和非语言信息来“激活”学生的左脑和右脑，并根据学生的语言信息反馈和非语言信息反馈及时调控教学过程。教师可以通过“声情并茂”“图文并茂”，来启发学生积极思考，激发学生的求知欲，以调动学生的左、右脑进行积极的思维活动。第三，教师应当善于为学生提供丰富的思考和活动机会，充分发挥教学民主的作用，培养学生批判性思维的习惯，引导学生持续怀疑并积极解决问题，为学生创造有利于培养创新意识的学习环境，鼓励学生勇于探索和创新。同时，还要注意对不同层次学生进行科学精神教育。在考试方面，不仅需要对学生的基础知识和技能进行评估，还需要检验他们在独立思考、独立判断、直觉形象思维和实际操作方面的能力。

（三）开设有利于右脑开发的课程

开设思维训练、创新学和活动课程等，通过这些课程比较系统地将开发右脑思维的原理、方法传授给学生。学生经过系统的训练即可达到提高右脑思维能力的目的。通过开展绘画、小制作、小发明等活动课程，可以提高学生右脑的思维能力。如果学生能有意识地多用左手和身体左侧的其他器官，更能促进右脑的发展，因为右脑控制身体的左侧。我们应该加强对学生运用右脑的训练，以培养学生直觉能力和想象能力，以获取创新性的灵感，使左、右脑思维能力得到平衡。

综合考虑大脑左、右两半球的功能与特点，以及它们在创新性活动中所扮演的不同角色，我们可以采用多种方法和措施来开发大脑、发挥其潜力、提高学生创新力，并在实践中取得相应的成效。

第二节　思维科学理论

一、思维的含义及其形式

在当前广泛采用的科学分类中，通常将探究人类思维现象的学科归为思维科学。思维科学包括哲学、心理学、逻辑学、语言学等诸多分支，其内容十分丰富和广泛。在思维科学中，思维是一项至关重要的概念，它扮演着核心的角色。那么，什么是思维呢？何为人类的思维过程？根据哲学和心理学的有关论述，我们认为思维是人们对客观事物本质属性及其内部联系的反映。思维，作为人类特有的一种精神活动，源于社会实践，是在对表象和概念进行分析、判断、推理等认知活动的基础上展开的。它具有整体性、形象性和灵活性三个特点。从认知科学的角度来看，人的思维活动是人类认知心理过程的核心组成部分，是人类认知心理过程的最高形式。人类的心理活动具有一项重要特征，即其能够自觉地感知到自身的心理活动，从而形成了一种自我意识。因此，人的各种心理现象和行为都必须以一定的认识为基础。只有当人类的认知和心理水平达到思维活动的高度时，才能为形成人类的自觉意识奠定基础。人的认知活动又以思维能力为基础，没有一定的逻辑思维能力就不可能有较高的认识质量。因为思维活动在人的认知过程中扮演着至关重要的角色，所以它是所有心理活动的核心，具有极其独特的意义。因此，研究人的思维活动对于认识人类自身的发展规律，提高人们的素质有着极为重要的现实意义。人类的认知过程是极其复杂的，通常可以将其归为三种基本思维类型：形象思维、抽象思维和灵感思维。

（一）形象思维

在人类思维的漫长历史中，形象思维是一种最早形成的思维方式，它指的是主体在认知世界时，运用客观存在的有形和形象信息来进行思考，这就是所谓的形象思维。它不仅广泛地存在于自然科学领域中，而且也大量地渗透到社会科学领域中无论是文学家、科学家，还是普罗大众，皆可从中获益；不管是在艺术创作中，还是在文学创作中，都离不开形象思维。无论是在科学研究领域，还是在领导、管理和指挥工作中，只要涉及人类的认知活动，形象（直觉）思维作为一种不同于抽象思维的思维形式，总是被广泛地运用。形象思维也可以说是我们人类的主要思维能力之一，它对于我们认识世界起着至关重要的作用。如果人类在言语和思考问题时，只依赖于枯燥的逻辑推理，那么这个世界就会变得索然无味。

形象思维的普遍机制在于，通过实践（观察）、类比、想象、模拟（相似）的方式来进行思考。这类规律对于领导科学来说同样适用，它为人们正确认识事物提供了一条重要线索。为了彰显实践（观察）、类比、想象、模拟（相似）在认知活动中的地位，我们有必要对其中的各个要素进行简要阐述。下面仅就有关“实践”的几个方面作些说明。①实践（观察），是人们运用有目的、有计划的方法，对创新工作中出现的问题和现象进行深入研究和探究的一种具体手段。它包括调查研究、实验分析等手段，以及搜集资料、综合概括、提炼观点等等环节。实践（观察）是一项基于科学原理的实践活动，其本质在于通过观察和实践来获取知识和技能。它以一定对象为研究对象，并通过具体的实验手段来获得新知识、新技能、创造新事物。在所有创新活动中，实践（观察）是最基础的感性信息获取方式，也是首要的步骤。在人类认识史上，人们曾把观察作为获得新知识的重要途径。因为创新者的科学实践（观察）是创新工作的重要起点，所以它为创新提供了必要的基础和支撑。②类比，是人们运用一种思维方式，将两类不同的对象进行对比，以找出它们之间的相似或不同属性。类比推理就是通过对同一事物和现象的对比来探求其本质区别和联系的推理方法。类比推理的起点在于比较对象之间的相似性，而这些相似的对象通常拥有多种不同的属性。通过比较两个（两类）对象在一系列属性上的相似性，当已知其中一个对象具有某种属性时，可以推断出另一个对象同样具有相似的属性。这种通过事物间相互联系的共性来推断它自身性质的推理方法，就是类比推理法。因此，类比推理方法不同于演绎推理和归纳推理，它是一种运用形象思维的独特技巧，具有独特的特点和优势。③想象，通过对感性形象信息进行重新组合和排列，从而创造出一种全新的形象信息。创造性的思维过程实际上就是一种想象的心理过程，它使人产生新颖独特、与众不同等想法。因此，想象力是推动创造性形象思维发展的实质性因素。④模拟（相似）是通过对已知对象的本质和特性进行人为选择或建立与原型相似的模型，并在此基础上进行运筹和研究，最终将研究决策的成果推到原型中，以揭示对象的本质。思维模拟就是通过模仿、试验等手段来认识和把握事物内部规律，使之发生质的飞跃的创造性思维活动方式。在创新者的思维升华过程中，思维模拟扮演着至关重要的角色。

在具体的创新工作中，我们需要运用形象思维，从多个不同的视角出发，全面地捕捉相互关联的各个方面，以获取所需的信息，即抓住事物发展过程中各种要素之间相互作用的矛盾关系，通过分析比较，找出其中的内在联系和规律性。

（二）抽象思维

抽象思维，基于感性认识，运用概念、判断、推理等方式揭示事物的本质和规律，以反映事物共同属性和本质属性的概念为基本思维方法，在概念的基础上进行判断和推理，从而反映现实。抽象思维是对人脑进行逻辑分析和概括的结果，是通过形象思维获得理性知识后而形成的思维方式。它引导我们的认知从个体的感性体验到一般的理性思考，再到个体的理性思考，实现了认知的升华。从一定意义上说，抽象思维具有形象性与具体性、精确性与灵活性相统一、概括性与深刻性相结合及稳定性与流变性相协调等特点。所有科学的抽象都以更加深刻、准确、完整的方式呈现客观事物的本质。随着社会文明程度的不断提升、科学技术水平的不断提高及现代思维方式的日益成熟，大学生在创新活动中所需的抽象思维扮演的角色变得更加至关重要。抽象思维是人类特有的一种高级心理能力，具有独特而强大的功能。抽象思维乃是由形式逻辑思维和辩证逻辑思维两种不同的形式所构成。

形式逻辑思维是抽象思维的初级阶段，它是从抽象同一性，从相对静止和质的稳定性方面去反映事物，因此也常常被称之为抽象同一性思维或静态思维。形式逻辑思维就是把活生生的内容简化，以达到对运动的描述之目的。形式逻辑思维是科学认识中必不可少的一个阶段。形式逻辑把思维的内容和形式相对分开，仅从形式结构这一侧面来研究概念、判断、推理及其联系的规律。自 17 世纪后期数理逻辑出现之后，形式逻辑已从古典阶段进入现代阶段。但数理逻辑用人工符号来表达思维的逻辑结构，把思维结构转化为单纯的符号研究，所以摆脱了古典形式逻辑使用自然语言的局限，清除了同义性，成为一门严密的理论科学。

辩证逻辑思维，是人类思维中对客观现实进行辩证运动的一种高度抽象的表达方式，是人类思维发展的顶峰。辩证逻辑是人类认识世界和改造世界最重要的方法论之一，也是科学世界观和认识论的基础。探究辩证逻辑的逻辑体系即为辩证逻辑，这是一门研究辩证逻辑的逻辑学。辩证逻辑的特点之一是以唯物辩证法为指导思想。辩证逻辑运用矛盾的原则、普遍联系的原则和辩证发展的原则，深入研究思维形式，揭示各种思维形式的辩证本质，从而实现思维的确定性和思维的灵活性的完美融合，为创新注入源源不断的活力。

在人类的认识过程中，形式逻辑和辩证逻辑各自具有不可替代的作用，概念是整个逻辑思维的基础，是逻辑思维的细胞。概念作为认识过程一定阶段的总结，是以压缩的、凝聚的形式表现大量知识的一种手段。每一次人类的认知过程都是通过抽象的概念来映射的。逻辑思维具有逻辑性，抽象性和严谨性等特点。所有的逻辑思维过程都以概念为中心展开。逻辑思维的判断是概念的展开，而推理则是判断的发展。在这种思维方式中，运用逻辑规则进行信息推理，并充分发挥丰富的想象力，以激活信息，从而得出具有创新性的结论。

在人们的具体认知过程中，形象思维和抽象思维之间相互依存从而促进了创新者认知能力和工作能力的深度发展。人们对客观世界的认识只有通过一定程度的抽象才得以展开，而抽象思维又必须以相应形式的形象思维为基础才能获得。创新思维的过程实质上是将形象、典型、样板、模式等元素有机地融合在一起，以实现人们对结果的具体化和形式化，从而形成一种理论联系实际的创新方法，这是人们不可或缺的。

（三）灵感思维

创新是一项具有高度随机性、应变性和创新性的任务，需要不断地进行探索和实践，才能达到最佳的效果。领导者要想搞好创新工作，就必须具备一定的创造性思维能力。为了应对这种随机性、应变性和创新性的挑战，单纯的形象思维和抽象思维已经不足以胜任，必须借助灵感思维的协同作用。

随着人类形象思维和抽象思维的共同发展，灵感思维作为一种基本思维形式逐渐形成，然而长期以来却鲜有人问津。在现代科学领域里，特别是自然科学领域中，许多重大发现和发明创造的取得，无不与科学工作者长期坚持不懈地探索有关。钱学森教授运用理论思维的原则，系统总结了自己和科学家们从事科学研究的宝贵经验，首次将灵感现象视为人类基本思维形式的鲜明代表。他在《关于形象思维问题的一封信》中指出：“凡有创新经验的同志都知道道光靠形象思维和抽象思维不能创新，不能突破；要创新、要突破得有灵感。”[1] 他还说，“灵感是思维活动过程中一个重要因素。”在创新性思维中，“灵感”被视为一种人类基本思维形式，其与形象思维和抽象思维有所区别。

人类的一种基本思维形式，即灵感思维（又称顿悟思维），并非仅在显意识中酝酿，而是在显意识的引导下，通过潜意识的整合推论，最终显现于显意识中，呈现出灵感的形态。灵感产生于人对客观世界认识和改造实践活动的成果或契机之中。因此，启发灵感的机制在于：显见意识→潜意识→显现意识的过程。那么，灵感的触发究竟要具备哪些必要条件呢？只有在人们有意识地追求灵感的过程中，才能在潜意识中孕育出灵感的种子。这就要求潜意识处于能动状态，以自身活动来推动显存意识，使之产生新思想、新创意和创造出新颖独特的作品。潜意识的运作方式并未被自身所察觉，然而当其处于成熟阶段时，需要借助相关的诱因才能进入显意识状态，并经过显意识的加工，最终形成灵感。所以，潜意识和显意识之间存在着一个相互作用、相互依赖、相互促进的辩证关系。因此，灵感的孕育是在显意识与潜意识的相互作用下逐步形成的，这是一种相互促进的过程。

在现代创新工作中，涉及的因素之繁多、范围之广、机动性之强及关系之复杂，均达到了前所未有的程度。在这种情况下，如果创新者的创造性思维没有得到充分的发挥，那将会给企业带来巨大损失和负面影响。因此，对于一个具有创新思维的人而言，具备创造性思维素养是至关重要的。所谓创造性思维，就是指在对客观事物进行新发现、新创造过程中所表现出来的一种独特的、新颖的思想方法和思维习惯，它是创造力的核心部分。创新者的创造性思维素养所体现的特质，乃是源自其对灵感的敏锐洞察和深刻理解。灵感思维能力在创新活动中起着非常关键的作用。当创新者具备更强的灵感思维能力时，他们的潜在思维水平也会随之提高，从而使得创新更接近于科学和准确，进而增强其威慑力，最终创造出卓越的工作成果。所以，在创造力培养过程中，必须注重对灵感思维能力的训练。随着数字化社会的演进，特别是全球新技术革命浪潮的涌现，这种潜在思维能力将日益成为人们必备的认知素养。

---

① 钱学森. 关于形象思维问题的一封信 [J]. 中国社会科学，1980 (6)：66.

二、各种思维形式之间的区别和联系

客观世界是多样性的统一，反映其本质的途径和形式也必然是多样化的。千变万化的大千世界，时而呈现出“显态”，时而又表现着“潜态”。当呈现着“显态”时，人们会对其一目了然，而当其表现为“潜态”时，人们对其就感到莫名其妙。这样一来，就使人们的思维形式也相应地表现出多种形式。显态形式，如抽象思维和形象思维等，它们是由具体到抽象，再从抽象上升为具体所产生的两种特殊形式。潜态形式如灵感思维等。在教学过程中，教师要引导学生掌握科学方法，培养思维能力，就要运用各种形式来进行思维训练和学习活动。这些形态均从多个角度展现了事物的本质和其演变规律。就共性而言，他们具有共同的特征和规律。这几种思维方式既有共性，又有各自的特质。这些事物的共性在于它们是人类大脑长期演化的产物，是大脑对物质的反应和功能的体现；所有的思维形式都是一种抽象的概念，而非其所包含的抽象概念；所有的认知过程都遵循着认识论的普遍规律。它们之间存在着相互区分和联系，因此人们在运用思维形式时通常会采用综合性的方式。

这几种思维形式又各有其特点，抽象思维、形象思维为人们所熟知，而灵感思维的特点却不易被人们所把握。从灵感思维发生的状态和表现的方式看，具有非预期的突发性。从其所带来的独特科学和社会价值的角度来看，灵感思维的功能呈现出一种非线性的创新性。灵感思维过程中的创造成分是十分丰富的，其中包含着许多创造性因素。考虑到灵感思维的二元性，由于其在潜意识中孕育，因此其所产生的结果具有一定程度的模糊性。这就使得灵感的发现过程具有很大的随机性和偶然性，从而导致了对它认识上的片面化和简单化。然而，这种模糊性并非神秘之物，而是客观事物所固有的模糊和精确的本质特征。从理性上说，灵感也有其自身存在的客观性、相对性、稳定性、可识别性等特征。因此，非理性主义主张灵感是一种超越感官和本能的表现形式，缺乏实质性的支撑。实际上，灵感是人类特有的一种心理活动。“灵感”并非源自“神灵感应”，而是由大脑功能所驱动，可谓是“人灵感应”。

抽象思维、形象思维和灵感思维，从多个角度揭示了事物的本质。因此，在认识事物时，必须把三者结合起来进行研究。这几种思维方式既有共性，又有各自的特质。就个性而言，它们之间又存在着区别与联系。这些事物的共性在于它们是人类大脑长期演化的产物，是主体对客体的反应，是思维规律和客观规律的辩证统一，是人类智慧的结晶。就个性而论，人类社会历史发展的阶段与程度不同而具有各自的特征，因此在一定条件下，还可以相互转化或融合。

然而，它们之间呈现出一种既有区别又有相互关联的复杂关系。具体逻辑思维发生在潜意识，借助表象进行简单的逻辑推演，由一个条件开始，依次推出另一个或几个条件，从而得出结果。抽象思维的发生过程和作用在于显意识，通过概念的严格逻辑推理，从某一前提出发，循序渐进地进行推论，直至得出结论。具体性思维发生于潜意识，借助表象进行直观的逻辑思维，它以具体形象作为认知对象，通过分析与综合、比较与概括、抽象与具体化等环节完成对事物的认识和判断。推理过程呈现出一种线性、单一维度的特征。抽象思维与形象思维都具有整体性特征，但它们之间又存在着明显的差别。显意识是形象思维的主要发生场所，同时也存在潜意识参与的活动，形象思维则是以形象为基础进行思考和表达。它不仅受主体意识支配，而且受客体表象制约，同时还受到无意识因素的影响。形象思维并非遵循抽象思维的固定逻辑程序，而是一种多层次、多途径的意识活动，其发生涉及主客体形象（时空参照系）和已存储于大脑中的主观形象。灵感思维乃是潜藏于潜意识活动之中的一种显式主宰，其在潜意识活动中呈现出立体交叉式的复杂形态，超越了形象思维的范畴。

三、大学生的思维特点及其训练

（一）当代大学生的思维特点

1. 向逻辑性和系统性方向迅速发展

随着科学思维方法的加强及系统分析技术的提高，加上实践经验和理论知识的不断积累，大学生的辩证思维和逻辑思维能力有了极大改善，他们的抽象与概括、归纳与综合的能力已非昨日可比，现在他们已能对各种事物进行较为全面和较为深刻的分析与认识，他们能按层层递进、步步深入的方式把握事物内在的本质联系，从而抓住事物的发展规律。

2. 向独立性和批判性方向迅速发展

思维能力的加强和思维空间的扩展，使大学生独立思考的能力迅速发展，他们越来越喜欢用自己的眼光看待世界、看待他人。大学生往往不再满足书本上既定的结论或权威们既定的说法，他们开始用怀疑甚至用批判的态度对待外界事物。大学生喜欢涉猎政治、经济、文化、科技等一切他们感兴趣的领域，而且开始进行逆向思维或侧向求索。

3. 向灵活性和敏锐性方向迅速发展

大学生思维的灵活性和敏感性得到迅速发展。大学生常常能够从不同层面、不同角度，采用不同方法、不同技巧思考问题。他们能在问题出现歧义时迅速加以察觉，并能在事件出现转机时迅速加以把握。每当思路遇阻时，他们能改弦易辙，及时更换自己的观点，不会一条道走到黑。

4. 向新颖性和创新性方向迅速发展

大学生在专业知识、实践经验、科研方法、思维能力、进取目标、人生态度等方面的进步，使其思维出现质的飞跃，新颖性和创新性的色彩表现得越来越丰富。他们在处理问题和对待事物的过程中追新求创，不愿跟在书本或专家的屁股后面亦步亦趋。他们非常反对“拾人牙慧”“鹦鹉学舌”，也非常反对“照猫画虎”“按图索骥”；大学生往往不喜欢“统一行动”，热衷“别具一格”“另辟蹊径”；他们也不喜欢“统一思想”，渴望“与众不同”，这种特点使大学生思维上的创新性特色更为明显。

（二）进行思维训练的方法

那么怎样进行大学生创新性思维的训练呢？换句话来说，即怎样使大学生进行带有创新性色彩的思考呢？下面介绍几种常见的思考方法。

1. 步步追踪、思维延伸

在事物的演进过程中，总会留下一些微不足道的痕迹，这些微不足道的线索会引导我们深入思考，从已知到未知、从现实到可行，最终创造出具有创新性的成果。因此，人们常常把这种方法称为追索式探索法或反思性探究法。在伦琴探测到 X 射线后，贝克勒尔这位法国科学家迅速追踪并深入研究了 X 射线与磷光现象的相互作用，最终揭示了铀的自然放射性。这就是一个典型的思维方法——由近及远，由粗及细。居里夫人通过深入追踪，最终发现了镭元素，这是基于她对“除了铀有放射性以外，是否还存在其他类似的放射性元素”这一问题的进一步探究。

因此，大学生在思考过程中不断超越现有的发现和发明，追求更高层次的探索和创新；大学生应当善于捕捉人们漠视、忽视、轻视的所有问题，通过深入的观察和思考，在现有的发现和发明的基础上，逐步探索、解决问题，不断拓展自己的思路，不断追求更高的目标，拥有不达目的誓不罢休的精神，以达到创新的目的。

2. 引向荒谬、思维求真

真理和谬误之间的比较和斗争，是一个不断发展和演变的过程。对已有结论进行还原思考，揭示其中的谬误，追寻科学真相，这就是“引向荒谬、思维求真”的精髓所在。对于大学生而言，采用这种思考方式可以帮助他们打破思维上的迷信，追求科学真理，探索事实真相。

在科技发展史上，谬误被人当作真理而顶礼膜拜的事例并不少见。实际上，只要人们能够运用正确的思维方法对其加以甄别，是不难识破其“庐山真面目”的。

3. 反面求索、思维提纯

从事物的相反方向提出问题、展开思考，使思维的角度极度扩展，有助于大学生创新性思维的强化。反面求索是一种逆向思维，它对习惯进行正向思维的大学生来说，有着填补思维缺陷、提纯思维质量的作用。

4. 极端激发、思维升华

这种思考方式是设法将事物推向极端，使其本质性、关键性因素逐渐显露，然后观察并研究它有无特殊现象，继而进行详细分析和周密思考。在大学生的思维过程中，它常常能够将那些隐藏的现象转化为清晰可见的图像，将那些模糊的概念转化为清晰明了的图像，从而真正发挥出“放大镜”和“显微镜”的作用，帮助大学生深刻地认识到事物的本质。

5. 广开思路、思维活化

这种思维方式要求大学生能够超越“思维僵化”及“功能固定”的圈子，不重复过去的成功思路、不机械照搬他人的创新成果，使自己的思路不断延伸，使自己的思维不断活化。

任何人要想使自己思路开阔和思维敏捷，就必须使自己的思维充满活力。这样，才能不使自己的思维触觉在长期的工作中渐渐丧失敏感性。一个人一旦丧失了对新事物的敏感性和前瞻性，就会成为科学的“瞎子”和知识的“聋子”。

第三节　创新心理学理论

人的心理活动是人脑对客观事物反映的一种形式，是人类认识客观世界的产物。人之所以具有心理活动，即有意识、能思维，源于其发达的大脑，大脑是人类心理活动和精神世界的物质媒介。所以，创新心理学就是以人类的心理活动为对象，对人脑进行深入研究并揭示其中所包含的心理规律的一门新学问。创新心理学作为一门学科，致力于探究创新心理活动的本质和规律，以人类心理活动的整体性原则为指导，它包括创新心理过程各环节上的因素。创新心理学的研究范围不仅涵盖人类意向活动中的冲动、注意、动机、情感和意志等，还包括人类认知活动中的感觉、知觉、回忆和思维等方面，同时也将半主观半客观的行动和行为动作纳入了研究范畴。

一、创新心理过程

关于创新的心理过程，国外专家作了较多研究，现介绍如下。

加拿大的内分泌专家塞利尔曾把它与生殖过程相类比，提出了一个意味深长的“七阶段”模式。

（1）恋爱与情欲：指科学家追求真理的强烈愿望与高度的热情。

（2）受胎：指发现问题、提出问题及资料的准备。

（3）怀孕：指科学家孕育着新的思想。开始时，甚至科学家自己也可能没有意识到。

（4）痛苦的产前阵痛：这种独特的“答案临近感”，只有真正的创新者才能感受到。

（5）分娩：令人愉快和满足的新思想终于诞生。

（6）查看和检验：像检验新生婴儿一样，使新思想受到逻辑的和实验的验证。

（7）生活：新思想受到考验并证明了自己的生命力后，便开始独立生存，且有可能被广泛接受。

塞利尔先生的这一比喻是生动的。美国心理学家格雷厄姆·华莱士认为，无论科学的或艺术的创新，一般都要经过四个阶段，即准备期—酝酿期—明朗期—验证期。

苏联学者戈加内夫提出的五阶段模式是：提出问题—努力解决—潜伏—顿悟—验证。

苏联创新心理学家卢克提出的五阶段模式是：明确地提出问题—搜索相关信息—酝酿—顿悟—检验。

细细品味这些提法，不难发现，上述"明朗""顿悟"等实际上就是跟我们所说的"突变"大同小异。这也意味着，世界各国的研究者，都认定在创新过程中存在着突变现象与突变机制。

何谓"突变"？从苦苦寻觅到不达目的决不罢休的努力拼搏，从苦苦探索到不达目的决不止步的长途跋涉，创新者离目标越来越近，其思路越来越合理，于是，终于到了那么一个关键的时刻，随着灵感的突然闪现，创新者恍然大悟、豁然开朗。这就是对"突变"的一个最通俗也最深刻的解释。从哲学的角度看，就是人的认识在某种外力的强作用下，突然间发生了质的飞跃。当然，这个因灵感突至而恍然大悟的人，必定是一个为了某种神圣的目标而孜孜不倦地追求和奋斗着的人。也正是这种不断追求，才为"突变"的到来准备了足够的"势能"，所谓"灵感不理睬懒汉"，指的就是这个意思。

这种突变现象与突变机制，是创新发明过程中的常见现象。在谈及作诗和做学问的三种境界时，王国维曾说过："古今之成大事业、大学问者，必经过三种之境界：'昨夜西风凋碧树。独上高楼，望尽天涯路。'此第一境也。'衣带渐宽终不悔，为伊消得人憔悴。'此第二境也。'众里寻他千百度，回头蓦见（当作'蓦然回首'），那人正（当作'却'）在灯火阑珊处。'此第三境也。"很显然，王国维巧妙地借用了宋代词人晏殊、柳永、辛弃疾的这三句词，意在表明创新的过程首先要放眼四望，永不满足，进行广泛的涉猎积累，并希望找到解决问题的途径；其次，为了找到答案而上下求索，废寝忘食，即便因此而日渐消瘦也决不止步；最后，经过长期思索和不断追求，突然出现了认识的飞跃，获得顿悟，产生了灵感，一个新的构想、新的思路、新的创新也就随之出现了，这个突然闪光的时刻，就是我们所说的“突变”。

单独看，创新发明的成功是刹那间的事，然而这个刹那间的辉煌绝不是唾手可得的，而是经过了长期的积累、奋斗、求索及拼搏才得到的。这偶然得到的灵感与创新，乃是长期求索的必然结果。

因此，创新过程中的“突变”绝不意味着突然之间的成功，而应该理解为苦苦求索后的那种“豁然开朗”与“柳暗花明”这种突然，看似偶然，其实必然。正如烧开水，当水温达到 100℃时，水突然沸腾了，这个 100℃是不断加温的必然结果。因此，当我们对创新过程中的突然成功悠然神往时，应该意识到，为了这片刻的辉煌应付出巨大的努力。

二、创新心理的作用机制

人类的认知活动常常与意向活动相互交织。创新心理学正是从这一基本观点出发来探讨认知和情感、意志等心理因素，对人们创新思维产生的重要作用及其相互关系的一门科学。将创新心理学的研究范围仅限于认知活动，而忽略了情感和意志等因素对创新思维的影响，这种做法显然是过于狭隘的。事实上，创新活动本身就是一种复杂而又充满激情和活力的心理过程，它必然要受到心理因素的制约和调节。人类的创新行为总是伴随着情感、意志等心理过程。也就是说，创新的前提条件是情感和意志的双重支持。如果没有这些心理活动，创新就会成为无源之水、无本之木，甚至成为一种空想。因此，我们必须深入探究创新心理的作用机制，以便更好地理解其对社会和经济的影响。

（一）关于创新感情

在创新的过程中，人们会经历一种特定的情感体验，这种情感体验是建立在人类基本情感（如激情、热情、心境）和高级社会情感（如道德感、理智感、美感）的基础上的，它是一种积极的情感活动，有助于促进创新活动的发展。它包括对新事物或新思维产生强烈兴趣，表现出浓厚的情感色彩等心理状态。创新情感所具备的特质包括但不限于以下四方面。

1. 明确清晰的倾向性

人类社会的最高层次社会活动在于创新活动，而创新则是驱动人类社会不断向前发展的强大动力。一个国家、民族或企业只有具备了强大的创新能力和良好的创新能力，才能立于不败之地。从这个角度来看，任何一种创新都蕴含着无法磨灭的珍贵价值——它不仅代表着创新者个人的成功，更代表着创新者对人类的无私奉献。创新成果一旦取得了一定的社会效益和经济效益，就会产生一种无形而巨大的激励作用，从而激发人们不断地追求新的东西，创造更多的产品或服务来满足社会需要。因此，创新者的情感总是具有明确的指向，为了确保创新发明的成功，他们总是全身心地致力于事业，毫不保留地投入其中，只有达成目标才会停止奋斗。

2. 始终如一的专注性

创新者在追求创新的过程中，表现出了一种专注的态度，他们忘乎所以，一旦投入其中，就会乐此不疲。除了工作，其他一切都无法让创新者分心，这种全情投入的心态是创新成功的重要保障。

3. 百折不挠的稳固性

创新者的创新不是一时兴起，而是经过深思熟虑后的“攻坚行动”，一旦确立攻坚目标，就会持续不断地攻坚克难，决不因困难和挫折而半途而废，这种坚定不移的心态有助于创新者不断扩大战果，开创新局面。

4. 变幻万千的复杂性

在创新发明的全过程中，创新者所体验到的情感体验是多种多样的，包括但不限于酸甜苦辣等感受，这就是所谓的复杂。在这个情感世界中，我们可以感受到焦虑和狂喜的交织，同时也能感受到出师不利或久攻不克时的烦恼和功成名就时的欢乐。

5. 立竿见影的高效性

高效之所以存在，是因为创新者的不断探索和创新，他们能够在短时间内攻克那些曾经被人们深思熟虑过的难题，从而为社会和人类带来新的效益。当然，这种高效性是通过创新者的生命之火点燃的，随着创新者的热情不断升温，这种高效性也随之不断增强。

（二）关于创新意志

意志是人们为了达到既定目的而自觉努力的心理状态，是人们主观能动性的突出表现。意志在对人们行动的调节和控制方面，具有发动和制止的双重作用。前者能促进人们的某些行动以达到预定目标，后者则制止人们的某些行动以避免偏离预定目标。意志不仅能调节人们的外部行动，而且能调节人们的心理状态。

创新意志是一种心理过程，它伴随着创新活动并对其产生影响，即创新者会全力以赴，坚决克服所有困难，以实现创新目标。它既包括人们对事物和现象产生认识上的兴趣，爱好或好奇心等主观意识成分，也包含着对创新行为进行调控以保证其有效运行的动机，信念与态度。创新意志的功效显著体现在三个方面：首先，激发志向的推动力。其次，创新行动在调节方面发挥着至关重要的作用。其中后者对于提高创新绩效具有重要意义。通过激发创新者的热情，使其始终保持着不屈不挠的进取精神和奋斗精神，从而保持着强烈的持久状态；后者则能有效地控制和引导创新者的行为倾向，避免其盲目性、随意性，以保证创新者朝着既定的目标前进，并不断取得新成果。后者有助于创新者因势利导，及时调整自身行动，协助创新者克服因失败而产生的消极情绪，激励创新者勇往直前，克服一切艰难险阻，最终达成预期目标。最后，创新能力与创新意志之间存在着密切的关系。创新意志的素质涵盖了自我认知、果断决策、顽强拼搏和自我控制等多个方面。

1. 自觉性

自觉性指的是创新者对于创新活动的目标有着清晰而深刻的认知，他们能充分发挥自身的主观能动性，始终保持着高度的热情和进取精神，将创新视为至高无上的目标，只有达到目的才会停止。

2. 果断性

创新者的果断性在于其善于辨别是非曲直，能够迅速做出判断并果断采取行动。在创新过程中，他们总是根据不同情况，灵活选择最佳方案。在创新的全过程中，他们不会陷入犹豫不决的境地，也不会过于关注未来，而是果断采取行动，毫不犹豫地斩断一切障碍。

3. 顽强性

顽强性指的是创新者所具备的不屈不挠的奋斗精神，这种精神可以使他们在面对各种困难和挑战时，能够从容应对，毫不畏惧。

4. 自制力

自制力是创新者运用理性思维掌控自身情绪，从而在创新过程中战胜焦虑、悲观等消极情绪，始终保持创新心态，以最优秀的精神风貌不断拓展创新领域。

总的来说，创新者必须以坚不可摧的创新意志为精神支柱，这是他们不可或缺的。在对学生进行素质教育时，必须重视培养学生的创造力和创造意识，而要做到这一点，就需要教师具有良好的创新心理素质。通过深入探究创新心理的过程和作用机制，我们可以发现，掌握创新心理学的基本理论和知识，对于我们更全面地理解创新能力的培养至关重要。

三、当代大学生创新心理的调适

（一）当代大学生的一些创新心理特征

大学生正处于创新思维最活跃的年龄，同时他们的创新心理也在逐渐萌发和觉醒，并呈现出一系列发展特征。

1. 思维敏捷，但不会用创新性思维进行引导

大学生经过小学、中学到大学的长期系统地学习，其理性思维和逻辑思维高度发展，他们好奇心强、求知欲旺、思维敏捷、反应迅速，对新事物特别向往。但由于他们的思维方式往往停留在线性思维阶段，考虑问题的方式常常是单一、垂直或直达式的，因而虽然思维敏捷，但缺乏灵活性、准确性、全面性和有效性，难以获得理想的思维效果。

此外，当代大学生还不善于运用诸如形象思维、发散思维、逆向思维、灵感思维、联想思维、类比思维和侧向思维及分合思维等创新性思维，再加上工作经验较为贫乏、生活阅历不足，从而影响到大学生创新性思维的顺利发展。为提高大学生的创新能力，开展创新性思维方式的培养及掌握创新性思维方式的应用是极为必要的。

2. 想象丰富，但不会用创新性能力进行牵引

想象是人脑在原有感性形象的基础上创新出新形象的心理过程。在人类生活中离开想象，就不可能有预见和发明。一般来说，随着大学生知识的增多和经验的积累，其想象力会逐渐丰富，他们很容易产生对历史的追溯和对未来的遐想，

但是他们的创新性思维和创新性能力并没有同步增长，所以他们的种种想象极易受到原有知识和经验的束缚，不能独立地产生新思维、新概念、新形象和新方法。在学习时，他们还往往沿用过去“死记硬背”“临阵磨枪”式的老方法；在工作时，他们也常常沿袭往日“生搬硬套”“照章办理”式的旧套路。这说明，在根本上大学生还没有发挥创新性想象的能动性，还有待加强对其想象能力的培养。

3. 具有灵感，但不会用创新性手段进行把握

灵感是人们在长期的脑力劳动中，特别是在创新性劳动中，经过超常思考和过量思考，使大脑皮层建立起许多暂时联系，然后在某种偶然因素的激发之下，对问题产生突如其来的顿悟和理解。它是人们进行长期创新性思维和创新性实践的必然产物，是创新者应得的劳动果实。

大学生产生灵感不足为奇，但他们不善于用创新性手段捕捉灵感。灵感是一种稍纵即逝的思维现象，大学生往往忽视它的存在，更不会及时把握和充分利用。在许多大学生心目中，灵感始终是神秘莫测、高不可攀的，他们没有认识到，灵感“既有规律可循，又有办法捕捉”。

4. 急于创新，但不会用创新性方法进行支持

高等学校是高新科技的集散地和创新发明的孵化器。在大学校园里，汇集着先进的科研设备，同时也充满着强烈的竞争氛围，对于志向高远、抱负不凡的大学生来说，证实自身价值的最好机会就是有所发明、有所创新。但大部分大学生不会充分利用高等学校的有利条件进行创新，他们缺乏与经验丰富的教师展开讨论，也缺乏与不同专业的同学展开交流，只凭个人的满腔热情和苦思冥想，就幻想取得创新。由于他们没有创新性方法作为行动指导，并且缺乏新知识和新技能的支持，他们的创新行动大多会以失败告终。

（二）当代大学生创新心理的正确调适

我国高等教育的主要任务是要使大学生拓宽理论基础、掌握专业知识、提高科学素养、培养创新能力，成为创新型和复合型的新型人才。为实现这一目标，大学生必须克服创新心理方面存在的障碍和改善创新心理方面现有的品质，即应该在以下两个方面进行有关创新心理的正确调适。

1. 大学生创新心理障碍的调适

大学生群体是一座饱含创新财富的金矿，但这些宝贵的矿藏需要经过开采和

挖掘、筛选和精炼才能成为闪光的金子。良好的创新心理是开发大学生自我创新潜能的助推器；相反，也有一些心理障碍会阻止大学生创新潜力的发挥，因此必须清除这些心理障碍。

（1）破除定式思维

思维是一切智力活动的核心，它在大学生创新活动中起着主导作用。思维既有积极的一面，也有消极的一面。当大学生发挥思维的能动性和创新性时，它就能转化成推动创新活动开展的动力。但当大学生为思维的惰性所困时，就容易形成思维定式，成为阻碍大学生创新力发挥的重要心理障碍。

所谓思维定式或定式思维，实际上就是一种习惯性思维，其成因是受思维固执性、单一性和守旧性的影响，主要表现为：思路单一、头脑僵化、观点陈旧、理论过时。有了思维定式的人，常常按习惯的思维模式考虑问题，他们不能根据思考对象的实际情况灵活改变思维模式和思维方法，因而容易使自己陷入思路闭塞、思想僵化的困境。

有些大学生如饥似渴地学习知识、积累知识，但在运用知识时却难以突破原有知识框架的习惯性局限，他们将知识的既定含义和思维的习惯方式奉若神明，不敢越雷池半步。对于这些大学生，如若不能破除思维定式的障碍，将严重影响其创新力的开发。为了改变思维定式的不利状况，大学生应加强在以下方面的提升：首先，不断吸纳新思维精髓，扩大知识来源；其次，不断培养新思维精神，保持进取心态；最后，不断研究新思维方式，突破习惯束缚。

除此以外，大学生还得经常有意识地使用多种思维方式，甚至应当尝试自己不熟悉或不喜欢的思维方式，以破除思维定式所带来的刻板性、僵化性和固定性。

（2）消灭畏难情绪

创新是一项充满艰辛、充满危险的事业。对于涉世未深的大学生来说，面临创新活动所带来的重重压力，很可能会产生畏难情绪，从而使他们在创新的紧要关头，患得患失、畏缩不前。

发明和创新从来就是一把“双刃剑”，它既可以给人们带来成功的辉煌，也可以带来失败的凄凉。科学研究的不确定性决定了任何发明创新都是一项高风险的事业。

畏难情绪是一种伤害大学生创新意识的毒剂，它会使大学生安于现状、不思进取，远离创新的前沿阵地。为了激发大学生的创新兴趣，必须消灭畏难情绪。大学生应当懂得，创新是不怕失败的，既然我们从事的是前所未有的发明和创新，就不可能一帆风顺、一蹴而就。例如，为了弄清雷电之谜，俄罗斯科学家利赫曼在风雨交加的旷野中连续试验，终致触电身亡。为了研制安全炸药，瑞典科学家诺贝尔在孤独飘零的小艇上坚持工作，数次死里逃生。他们在创新面前从来都是知难而进。

大学生应对创新过程中的艰难应有所准备而不是有所畏惧，应该客观评价困难而不是盲目夸大困难。要敢于尝试、勇于实践，并能正确认识失败。须知，失败也是一种成果，它起码告诉我们此路不通，并且还为今后创新成功提供参考资料和反面教材。况且，大学生的主要任务是培养创新性思维和创新性能力，重在参与而非成绩，重在过程而非结果。即便创新遇到挫折，也不会受到太多指责，因此，大学生大可不必因惧怕失败而放弃创新。

（3）克服自卑心理

目前我国在校的大学生多属“抱大的一代”。但进入大学以后，高手云集、尖子成堆，激烈的竞争常常会一些学生的自负心理受挫，从而感到紧张、焦虑，甚至自卑。当自卑心理发展严重时，这些人就容易形成自惭形秽、自我封闭、自我否定的心理态势。尤其是在开发创新能力方面，一旦形成自卑心理，就极易造成对创新的高估和对自我能力的低估，从而出现巨大反差，使他们失去创新的自信。在他们看来，自己才智平平，要想有所创新简直是天方夜谭、匪夷所思。

“尺有所短”“寸有所长”，每一个人都有自己的优势和强项，大学生要树立正确的创新观和认识观，要学会用自己的长处来鼓舞自己不要自卑，用自己的短处来警诫自己不要自满。古人曾说：“疑人轻己者皆内不足。”因此，大学生应注意克服自卑心理，要始终不渝地坚信“天生我材必有用。”

（4）改变懒惰习性

没有艰难曲折的探索，没有坚持不懈的努力，没有不畏艰险的尝试，就试图取得创新的成功，无疑是缘木求鱼、痴人说梦。创新源于勤奋，创新憎恶懒惰，创新从来就只垂青于勤奋努力的人。有的大学生懒惰成习、懈怠成性，他们不愿做艰苦的创新探索和繁杂的发明尝试。他们宁愿整天无所事事、虚度年华，也不愿振作精神，投入创新的实践中去。这些人往往沉浸于异想天开、不切实际的幻想之中，指望创新的灵感能够不期而遇，希望不花力气或少花力气就能毕其功于一役。思想上的懒惰和行动上的懈怠，使他们失去了进取精神和开拓意志，从而难以在创新方面有所作为。只有破除懒惰习性和懈怠心理，大学生才能将远大的抱负、求实的精神和勤奋的作风结合起来。因此，大学生应该做好长期探索、刻苦追求的精神准备，要勤于思考、勤于探索、勤于实践和勤于创新，养成多想、多问、多写、多干的习惯，使懒惰和懈怠无藏身之所。

2. 大学生创新心理品质的调适

大学生优良的创新心理品质既来源于他们在创新活动中所形成的创新型人才结构和创新性思维能力，又作用于这种创新型人才结构和创新性思维能力，使其趋于完善和全面。

创新学的研究成果表明，大学生的创新心理品质是他们创新人格的核心组成部分，该部分对大学生创新活动的开展和调适可以产生巨大的推动和支持作用。创新心理品质的好坏，往往决定着大学生创新力开发与培养的成败，因此大学生应该不断加强自身创新心理品质的修养，全面提高自己的创新心理品质。

（1）树立造福人类、献身科学的远大理想

大学生的崇高理想应与国家的前途、社会的发展、人民的需要相吻合，其根本落脚点应在造福人类、献身科学之上。大学生应自觉把个人利益放在国家和民族的利益之后，把个人事业融入社会和集体的事业之中。

（2）确定淡泊名利、不计得失的人生态度

高尚的情操能使人的创新人格升华，使其不仅在科学发现上有所作为，而且在为人处世上也成为表率。大学生应建立正确的名利观，应向那些具有高尚科学道德、治学态度和敬业精神的人学习，正确处理创新活动中的利益关系，不因名而减弱创新动力，不因利而丧失创新精神。

（3）培养知行统一、严谨求实的工作精神

大学生应将创新精神与创新活动有效结合起来，注意培养知行统一、严谨求实的学习方法和工作精神。在造就创新型人才的过程中，重视对创新学理论的学习和研究与加强对创新力开发的实践和探索应当并行不悖。大学生既要注重从书本上、课堂里汲取创新的知识，也要注重从书本外、社会中积累创新的经验。科学、系统的创新学理论，是对创新对象的本质、规律的正确认识，它对创新活动的开展具有一定的预见和指导作用。社会是创新的广阔天地，需要是创新的强大动力。大学生应将理论与实际密切结合，用创新理论指导创新实践，再用创新实践推进创新理论。在创新实践中验证自己的创新思维，并在创新活动中提高自己的创新能力。

（4）加强深沉独到、勇于创新的理论涵养

坚实的基础知识、完善的能力结构都是大学生成才的必要条件，但还需有深沉独到、勇于创新的理论涵养才能使大学生的培养模式更为合理。对于大学生来说，“理性智慧”是一种宝贵的品质，它可以把人们有关创新对象的独到见解和丰富知识融合起来，形成一种新的想法，进而推动创新活动的开展。

深沉的理性涵养、独到的理性见解、创新的理性认识可以使大学生的思维具有前所未有的穿透力。因此，大学生要努力培养自己的“理性智慧”，重视创新学理论的学习和运用，并主动在实践中检验理论水平的掌握和使用情况促进创新实践的顺利进行。

（5）提高超越自我、不断进取的思想水平

创新是永无止境的。大学生必须树立超越自我、不断进取的目标才能激励自己在创新的攀登途中奋斗不止。一般来说，大学生的进取精神由旺盛的求知欲、强烈的好奇心、突出的上进心等因素组成，这些是使大学生保持进取的强大动力。但光有进取心还不足以使大学生成为合格的创新型人才，他们还必须具有超越自我的自信与魄力。世界上最好走的路是下坡路，世界上最难办的事是超越自我、战胜自我。在创新过程中，大学生必须学会自我转换自我否定和自我超越，这样才不致在思想上和行动上停滞不前。

大学生应当树立一种永不止步、不断创新的思维模式，勇于挑战自我、追求卓越，通过不断否定自我来激发创造性思维，从而实现超越自我的目标。

第三章　大学生创新思维的过程与培养

本章为大学生创新思维的过程与培养，主要从四个方面展开论述，分别是创新思维概述、创新思维的训练方法、大学生创新思维的过程、大学生创新思维技法。

第一节　创新思维概述

一、创新思维定义

（一）创新思维的概念

人类的思维过程是对客观事物的特征和规律进行间接的概括和反映，这种概括和反映是人类智慧的结晶。创新思维则指善于从问题中发现和提出解决问题的方法或途径的创造性思维形式，它能够揭示客观事物内在的本质联系，并在此基础上创造出前所未有的新颖思维成果，从而为人们带来具有社会价值的全新成果。创新思维是运用创造性思维能力去分析问题、解决问题的思维过程，是一项具有开创性的思维活动，它能够开拓人类认知的新领域，推动人类认知的新成果。它是智力结构中最活跃、最有创造性的成分之一，也是推动人类发展进步的动力。它以感知、记忆、思考、联想、理解等能力为基石，融合综合性、探索性和求新性的高级心理活动，即创新思维。创新思维并非游离于其他思维形式之外，它涵盖了多种思维模式，需要人们付出艰辛的智力劳动才能实现，即在已有的基础上对事物进行新的加工和改造的一种思维习惯或方法。获得一项具有创造性的思维成果，通常需要经过漫长的探索、不懈的钻研，甚至是多次的挫折才能实现，因此在必须有强烈的求知欲和顽强的毅力。长期的知识积累和素质磨砺是创新的必经之路，而创新思维的实现则需要进行大量的推理、想象、联想和直觉等复杂的思维活动。

创新思维是一种具有开创性的、对未知事物进行探索的高度复杂的创造性思维。它是扩散思维和集中思维的辩证统一，是创造想象和现实定向的有机结合，同时也是抽象思维和灵感思维的对立统一。创新思维在人的整个智力结构中处于核心地位，它既能反映出一个人的知识水平与能力结构，又能够体现出个人的个性特征。广义而言，创新思维指的是思维主体有创见、有意义的思维活动，每个正常人都会参与其中。狭义的创新思维是一种探索未知领域的思维活动，其核心在于思维主体通过发明创造、提出新的假说、创造新的理论及形成新的概念等方式，展现出创造性思维的独特魅力，这种思维活动是极少数人所独有的。

（二）狭义与广义

狭义的创新思维所强调的是思维成果的独创性和前所未有的创新性，这种成果不仅得到了社会的广泛认可，而且带来了巨大的社会效益。此外，它还包括那些在社会范围内获得了该行业专家公认或权威性专利机构认可的具有重大价值的各种新设想。创新思维与一般意义上的思维有很大区别。广义的创新思维，指的是在面对陌生的问题时，不能简单地套用已有的思维模式，而是需要不断探索和创新，以达到更高层次的认知和理解。它与传统的思维方式不同，后者主要以“经验”为基础，而前者则以理论研究为基础。对于思考者而言，所思考的问题并不熟悉，因此在进行思考活动时，不能采用老套的思维程序和模式。

必须肯定和承认狭义创新思维的存在及其作用，才能使具有重大价值的创造发明成果，以及创造发明者付出的辛勤艰苦的劳动，得到全社会的高度重视、尊重和钦佩，从而切实有效地保护和激励创造发明者继续进一步发挥创新积极性，为社会的发展作出更多更大的贡献。同时，也必须肯定和承认广义创新思维的存在及其作用，使社会的广大成员都愿意和乐于参与社会各个领域里的种种创造性活动，调动起社会各类人员的创造积极性，从而培养出适应社会发展需要的勇于创新、善于创新的开拓型人才。

创新思维的目的在于提出新看法、新设想。而提出新看法、新设想，必须以已有的知识作基础。因此，创新思维的实质也就是给已有的知识建立起新的联系。或者说，是对已有的知识进行新的组合。知识经济时代的到来，突显了创新在人类社会生活中的重要性。不论是就一个民族、一个国家的兴衰存亡来说，还是就一个人、一个单位的生存发展来说，创新能力的强弱，都具有特别重要的意义。随着科学技术和社会经济的进一步飞速发展，国际国内各个领域里的竞争日益尖锐激烈，这种特殊的重要意义将与日俱增。自觉地培养和提高自己的创新思维能力和创新实践能力，是社会各行各业的成员都不可缺少的，区别只可能是在具体要求的内容、方式和程度上有所不同。

二、创新思维的特点

创造性思维是创新人才的智力结构的核心，是社会和个人不可或缺的重要组成部分。创新思维的形成需要一定的条件，它不仅受客观因素制约，而且还受到主观心理因素的影响，即思维主体自身的心理特征。创新思维主要具有如下特点。

（一）创新思维的新颖性与独特性

独创性在于能够以独特的方式为已有的知识构建全新的联结，从而使其与众不同。创造性思维也称创造思维，它是一种以独特新颖为特征的思维方式，其核心在于“创”字。学者普遍认为，评估一个人的创新思维能力的强弱，必须考虑其创新思维活动的独特性和创新性，这是其中一个重要因素。只有当一个人具备了创造性的思维品质后，才会产生出独特而新颖的结果。创新思维之所以卓越，是因为它在思维的选择、技巧的运用及结论的得出方面，展现出了前所未有的独特之处，超越了前人和普通人的基础，带来了全新的发现和突破。创新思维的广度也就是对问题解决过程中所表现出来的新颖独特程度的衡量。创新思维所强调的是创新性和独特性，这种思维方式在解决问题时表现出强烈的主动性，与创造性活动紧密相连，彰显了新颖性和独特性在社会上的价值。

（二）创新思维的批判性与综合性

敢于用科学的怀疑精神，对待自己和他人的原有知识，包括权威的论断。详尽地占有大量的事实、材料及相关知识，运用智慧杂交优势，多种思维方式的综合运用，发挥思维统摄作用，深入分析，把握特点，找出规律，创造出新成果，从而具有一定范围内的批判性、综合性。创新思维的形成必须经过自觉的培养和训练，必须积累丰富的知识、经验和智慧，必须敢为人先，勇于实践，善于从失败中学习，才能获得灵感，实现思维的飞跃。

（三）创新思维的流畅性与连贯性

从“创新思维的本质是为已有知识建立新的联系”这一视角来看，创新思维的流畅性在于能够以敏锐、高效的方式为已有知识建立新的联结。连贯性就是创新思维速度。它表现为思维敏捷迅速，不受时空限制，具有很强的时效性和创造性。在日常生活中，善于从琐碎的细节入手，进行思维训练，并不断提出新的构想，以保持思维的活跃状态。创新性这是创新思维最基本的特征。以创新思维为基础，善于洞察社会需求，发现人们在理想与现实之间的鸿沟，从而实现求实性。要敢于打破陈规陋习，大胆地创造出新事物，以开拓人类智慧的宝库。以满足社会需求为出发点，开拓思维的广度和深度。如“创新”一词是在八十年代中期才出现的，但它却是一个古老而又常新的概念，并随着时代的发展和科技的进步逐渐被赋予了丰富内涵。创新思维的演进过程呈现出高度的省略性，其思维步骤和跨度相当广泛，呈现出明显的跳跃性。

三、创新思维的作用

创新思维的价值不可低估。创新思维是一个人最基本的智力品质。首先，创新思维是一种具有主动性和创造性的思维方式，它不仅能够揭示客观事物的本质和规律，更能够在此基础上创造出具有社会意义的独特、新颖的思维成果，从而开拓人类知识的全新领域。它可以促进人对客观世界中的某些问题或现象做出创造性的思考与判断，并使之更加完善和正确。其次，通过不断训练创新思维，可以拓展我们的知识领域，提升我们的认知水平。此外，创新思维不仅能够激发人们的创造力，更能够推动他们进一步探索和实践创新思维的奥秘。

创造性思维的萌芽源于抽象思维和形象思维的相互渗透和融合，而抽象思维和形象思维则是创造性思维的根本形式。它主要由发散性思维能力和聚合性知识构成。此外，创新思维还涵盖了扩散、集中、逆向、分合和联想等多种思维模式。发散思维就是一种由不同方向向同一个目标进行思考并解决问题的思维方式。扩散思维是一种信息传递方式，其核心在于从同一信息来源中衍生出多种类型的输出，这些输出可能会发生转移。发散思维又叫求异思维，具有广阔性和变通性。集中思维的核心在于从所提供的信息中提炼出具有逻辑性质的结论，其着眼点在于创造出最优秀的成果，这些成果可能是独特的，也可能是惯常接受的。逆向思维是一种以对立的思维方式为基础，将看似不可能的两种思路同时运用，以期找到问题的解决方案的方法。发散思维是一种将问题向多种可能性进行定向、扩散和延伸的思维过程。分合思维是一种将抽象的概念在思维中进行分解或融合，从而产生全新的认知成果的思维模式。联想思维是一种将已掌握的知识与特定的认知对象相互关联，通过挖掘它们之间的内在联系，从而获得具有创造性的想象和启示的思维模式。在知识经济时代，个人的创新思维能力是推动社会前进的必要手段，因此培养创新思维能力显得尤为重要。

四、与创新思维有关的心理因素

人进行思考是为了解决生活中的问题，而高质量的问题解决应当具有创造性，即借助于创新思维来完成。一个人创新思维水平高低受多种因素影响，如人的智力水平、个性修养等。其中与创新思维直接相关的则是发散思维、聚合思维和直觉思维。

（一）发散思维与创新思维

1. 什么是发散思维

发散思维，是一种不拘泥于传统的思维模式，它通过不断探索、变异和多元化的方式，寻求答案和可能性，从而形成一种独特的思维方式。它主要表现为对某一问题或事物进行多角度思考和多层面分析的思维过程。发散思维所具备的特质，包括思维的流畅性、思维的变通性及思维的独特性。发散思维的快慢和方向对其成功与否起着决定性作用。流畅性反应发散思维的速度和数量特征，它是思维发散的基石；变通性，作为发散思维的核心，体现了思维的灵活性和可塑性；独特性则是指当发散思维遇到障碍时，能够及时地加以克服。独特性是一种具有创造性的元素，它是发散思维的核心所在。

在发散思维的三个指标中，流畅性是对思维速度的评价。如“文思泉涌”“一气呵成”，都充分反映了思维的高速度特征。杜甫在《酒中八仙歌》里写的“李白斗酒诗百篇”，生动地表现了李白发散性思维的流畅性。有人将流畅性进行了更为详尽的划分，即字词流畅性、观念流畅性、联想流畅性和表达流畅性等四种。

在解决具体问题时，变通性指的是善于从多个角度进行思考，以便在面对一个问题时，能够尽可能地提出多种不同类型的设想和答案，从而扩大选择的余地。当某个因素对事物的物质和数量产生影响时，我们可以通过灵活的变换来产生新的思维方式，当我们的思维受到阻碍时，我们可以立即转向另一个方面；能够根据实际情况，创造性地运用知识和方法去解决问题，确保问题得到最优解决。

在解决问题中，创造性地解决问题时表现出来的独辟蹊径，则是独特性的体现。

在这三个特性中，变通性是关键因素。这是因为：第一，变通是高流畅的条件。在发散思维中，如果光沿一个方向或在一个类别里发散，数量总是有限的。只有沿多个方向或在多种类别里发散，才能成为高流畅发散思维。第二，变通也是高度独特性的条件。一般说来，思维在发散之初，从记忆中提取的往往是常识范围内的知识经验，所以开始总是沿常规方向发散。通过不断换向，反复变通，才可能找到新的发散方向，产生出新颖独特的答案。

2. 发散思维在创新思维活动中的作用

发散思维既是创新思维的重要组成部分，又是创新思维的具体表现。为寻求创造性的答案，需要自由发散，即将脑子中的知识、经验和潜知（表面上与问题毫不相关的经验）与目前的问题产生广泛的有意义的联系。发散的结果并不是都有意义、有价值的，往往很多是无效的或错误的。根据概率统计，如果一百个发散结果可能有一个有意义的话，那么发散得越多，有价值的答案出现的可能性就越大。若没有大量的发散，提出尽可能多的答案来，也就不可能产生创造性设想。因此，只有大量发散，才有可能产生创造性设想。

（二）聚合思维与创新思维

1. 什么是聚合思维

聚合思维，作为一种基于已有信息的思维形式，旨在寻找问题的正确解决方案，也被称为集中思维、收敛思维或求同思维。

我们通常进行的图画排列测验，在测验时向被试者提供一些打乱了逻辑次序的图片，要求被试者按最佳的、最合乎逻辑的顺序排列，这时测量的就是聚合思维的情况。再如，假设王强比陈明年轻，王强的年龄又比张勇大，问陈明与张勇谁的年龄大？这种演绎推理的测验，也是测验聚合思维能力的。

2. 聚合思维在创新思维活动中的作用

发散思维和聚合思维是两种创新性思维过程，它们能从已知的信息和回忆的信息中生成新的信息，其中发散思维是创新性思维的主要成分，但是因为聚合思维与发散思维密切联系，注定它在创造性活动中必不可少。第一，聚合思维是发散思维的基础。在很多情况下，问题的情境并不是十分清楚的，好似一堆乱麻，为使问题明确起来，首先需要进行聚合思维，综合已有的各种信息。也可以说，这一步的聚合是创新思维的最低序列。第二，只有大量发散才能聚合导出正确答案。研究表明，绝大多数创造性发现，都需要发散和聚合两种思维，即一个问题的解决，往往是一个人的思维一方面沿着不同的方向大量发散，另一方面又必须应用一个人的知识对其发散结果进行严格的逻辑论证，以最严密的可能性集中到最适宜的解决方法上，即通过聚合思维最后导出正确的结论，这时的聚合思维又成了发散思维的归宿。因此，只有发散量大、聚合性好，创造水平才会高。

将发散思维与聚合思维相互融合，是实现创新思维的基本途径。在教学过程中，要善于培养学生的发散思维能力，提高他们发现问题、解决问题的能力。发散思维的价值在于激发人们的创造性想象力，从而使他们能够超越固有思维模式的限制。航海家哥伦布发现美洲大陆后，在一次宴会上，有人贬低他的功绩，说没有什么了不起。哥伦布没有争辩，只是提出了一个奇怪的问题：谁能把煮熟的鸡蛋立在餐桌上？在座的一些人不以为然，纷纷尝试，结果都失败了。此时，哥伦布随手拿起一个鸡蛋，将蛋的一头往桌上一敲，蛋壳破了，蛋也在餐桌上稳稳地竖立。哥伦布在这里就运用了发散思维，表明个人如果只习惯于单一的思维方式，不会发散，不善创新，就容易陷入绝境。当然，这并不否认聚合思维在创新思维中的重要作用：聚合思维是发散思维的出发点，是某种思维任务或课题要求，如果脱离任务和要求，思维就会成为不着边际的胡思乱想，发散思维便失去了应有的方向；当发散思维指向解决某一问题时，人们必须把其结果与原有的思维任务相对照，并从各种不同的解决方案中作出最优选择，这一过程绝不能离开聚合思维而进行。创新性思维是循着“发散—聚合—再发散—再聚合”这种形式循环往复、层层深入，最终使新的思想脱颖而出的。

（三）直觉思维与创新思维

1. 什么是直觉思维

直觉思维也称直觉、顿悟，笼统地讲，也可以称为灵感，它是指不经过一步步思考而突如其来的领悟或理解。对直觉思维的本质，应从以下几个方面加以认识。

第一，直觉是一种普遍存在于人类心理中的现象。直觉思维是一种创造性的心理活动和认识过程，是人们通过知觉获得新信息而产生的反映客观事物特点的间接思维形式。该现象不仅在科学创新活动中显著呈现，而且在日常生活中广泛存在。因此，直觉思维在现代社会生活和生产中起着越来越大的作用。

第二，人类的直觉思维与其所积累的知识和经验息息相关。知识经验是构成直觉思维的最基本条件之一。直觉思维的形成和进行是建立在知识经验的基础上的，因此直觉思维的水平受到知识经验质量的直接影响。通常情况下，随着知识和经验的积累，人们的直觉思维水平也会随之提升。人的认知活动离不开具体事物，而这种抽象又不能用语言来表达或描述，这就要求人们必须借助于直觉。缺乏知识和经验的人，只能凭借直觉做出毫无根据的猜测和主观判断。直觉思维和逻辑思维一样，都是个体在接受后天的知识和经验的基础上，逐渐形成和发展而成的。俗话说“熟读唐诗三百首，不会写诗也会吟”，道理便在于此。

第三，直觉思维与逻辑思维存在互补关系。这种互补关系表现为：人们往往通过直觉思维使一些问题获得解决，对这些问题，如果采用逻辑思维则非常麻烦。但直觉正确与否，不取决于直觉本身，而需要依靠逻辑思维来加以整理并以实践来检验。逻辑思维同直觉思维的发生和形成并不矛盾，在一定程度上，直觉思维就是逻辑思维的凝结或简缩。

第四，直觉思维为人脑提供了高级机能，同时又与抽象思维有一定关系。根据最新的脑科学研究成果，大脑左半球在言语处理、聚合思维和逻辑思维等方面扮演着至关重要的角色，其功能包括连续性、有序性和分析性等方面。大脑的右半球在具体形象思维能力、对空间的认知能力、整体综合能力、发散思维能力、直觉思维能力等方面扮演着至关重要的角色，其机能呈现出不连续性、弥漫性和整体性等特征。显而易见，人类的直觉在很大程度上影响着右脑的运作。右脑则是以分异性形式来思考问题，左脑是一种具有连续性的思维模式，它通过对一个特征进行一次分析来实现。因此，当我们从两个方向观察问题时，直觉会自动地选择一条正确路径。右脑则以并行的方式同时进行整体分析，呈现出一种高度的并行性。这或许是直觉能够直接识别和理解事物及其关系而无需进行推理的根本原因。

2. 直觉思维在创新活动中的作用

在创新和发明的过程中，直觉是一种极具活力的思维表现，它不仅是创新和发明的先导，更是在百思不解后突然涌现的丰硕成果。列夫·托尔斯泰创作《安娜·卡列尼娜》这部长篇小说时，其内容和情节在他动笔的前一年就想好了，但由于找不到一个好的开头，一直没有动笔。1873 年一个春天的夜晚，他不停地在书房里徘徊着，正在苦苦思索着这部小说如何开头。他偶尔走进大儿子的屋子里，看到普希金的《列尔金小说集》，他拿出来，随便翻到后面一章的第一页："在节日的前夕客人们都到了。"他兴奋地喊起来："真好！就应当这样开头！别人开头定要描写客人如何、屋子如何，可是他马上跳到动作上去了。"托尔斯泰立即走进书房，坐下来写了《安娜·卡列尼娜》的头一句："奥布浪斯基家里一切都乱了。"但是，毋庸讳言，靠直觉或灵感得到的结论往往还不很完善，还需要借助逻辑思维。因为创新活动不仅要发现问题、提出假设，而且要抓住关键，进行论证与验证，没有周密的逻辑思维就难以成功。因此，对直觉思维在创新活动中的作用应有恰当的认识。

第二节　创新思维的训练方法

创新思维作为一种高级的思维形式，必然具备一般思维特征，同时也需要借助语言作为其物质和工具。创新思维又不同于一般性思维，其具有鲜明的个性特征。创新的过程就是不断地提出新设想、解决新课题、产生新形态、形成新体系的过程。创新不是凭空产生的，也不是空中楼阁。创新不只是一种主观意识的表现，而是一个由多种因素共同作用而产生的创造性行为过程。在创新活动中，我们应该以"忽然回首""豁然开朗"的方式，在已有的基础上进行探索、创新、发明和发展，从而获得新的发现和进步。

创新思维的孕育离不开深厚的知识经验积累，缺乏此基础的思维创新是难以想象的。因此，在创新过程中，首先要有一个坚实的基础——知识经验积累，然后才可能有创新思维的产生。唯有将广博的知识和经验融汇贯通，转化为自身的语言，方能成为创新思维的物质媒介和工具。如果不具备一定的知识结构、积累大量的知识经验，那么即使再渊博的学者也很难形成具有创造性意义的新思想和理论。然而，创新思维的真正实现需要借助于直觉和灵感这两种途径，而非仅仅依赖于知识经验和内化语言这两个必要条件。

一、扎实的知识经验积累是创新思维产生的基础

创新思维的成功与否，关键在于是否具有敏锐而独特的观察力和洞察力，能否善于从周围事物中发现并提出新颖独到的见解。这说明创新思维并非高不可攀，而是人人都具有的一种天赋和能力，只要你肯干，就一定能够成功。正所谓“宝剑锋从磨砺出，梅花香自苦寒来”。

在我们的日常生活中，一些人总是能够以深刻、卓越的方式看待问题，这正是他们创新思维的萌芽所在。那么，什么样的人才能称得上是“创新型”呢？我们不难发现，这些人往往是酷爱阅读、博学多才，拥有丰富的生活经验和实践经验，勤于思考、勇于尝试的人。那么，在教学中如何培养学生的创新思维呢？创新思维活动是一种心智过程，通过对头脑中已有的思想素材进行组合加工，从而形成具有开拓性和反常态性的思维模式。长期积累扎实的知识信息、实践经验和心智感受是超常思维加工的基础。创新思维是一个人智慧能力与素质发展到一定程度的产物。

创新思维的独特之处在于其具有创新性、拓展性和突破性，这是其最为显著的特征。所谓创造性思维，就是要突破传统的认识方式和方法，从新的角度去思考问题。在基于传统理论和实践的前提下，其目标指向在于发掘新的发现、创造新的发明、推动新的创造及促进新的发展。因此，培养学生的创新思维能力也必须从小学阶段就开始，让他们从小养成良好的学习习惯。创新思维的前提在于对前人的理论成果和经验进行深入了解和继承。只有这样才能够为自己开辟一条通往成功的道路，也才能更好地把握事物运动变化的规律，从而达到事半功倍的效

果。古人说得好，“水深则所载者重，土厚则所植者繁”。只有对已有的历史与文化进行深刻的思考与研究，才能发现并掌握事物发展规律，从而做出正确判断与选择。创新思维是一种自我否定的思维方式，它源于对旧事物否定的深刻反思，是在广泛传承的基础上进行的一种否定。这种思维方式的深厚基础在于充分而有效地获取必要的信息材料，并拥有丰富的经验。

二、丰富科学的语言是创新思维的物质载体

言语是人类思维的媒介。因此，创新思维在人们的日常生活中无处不在。不论是运用直观的动作思维、具象的形象思维，还是抽象的思维方式，都需要借助语言这一媒介。然而，创新思维是一种超越常规的思维方式，其采用的语言显然比一般思维所使用的语言更为复杂、深刻和丰富。

我们可以说，任何伟大的发明和发现，都与人们的创造性思维有着密切的关系。因为他们的创新，相应的科学理论和实践领域得到了更深层次的拓展和发展，从而为人类的思维提供了全新的可能性，这一点已经在实践中得到了证明。任何一种语言、文字的发明，无不体现出这种创造性的思想。随着纳米、夸克、软件、黑洞、非线性体操术语中的“托马斯全旋小倒立”等新语汇、新语言的涌现，我们可以看到当今科技或体操等事业进入了一个更高层次的发展阶段，这些元素不仅是创新思维的产物，更是创新思维的素材和起点。对于那些与外部世界缺乏接触或了解的人而言，他们所掌握的语言词汇过于单调和贫乏，他们的思维水平和能力可能无法得到充分的发展，甚至可能导致智力水平极低，更不用说进行具有开拓性的创新思维活动。

真正的创新，在最微小的范围内相对于过去而言，是一种“缺失”的、全新的、独特的创新。为了激发创新思维，我们应该积极鼓励人们广泛接触、吸收和创新最新的词汇，因为只有这些词汇之间的相互融合、碰撞和“发酵”，才能孕育出创新的思维方式。如果一个人能够经常接受新鲜事物、熟悉各种新奇词语，他就会不断积累并更新自己的新鲜语言。当然，单纯掌握丰富的新颖语汇并不能激发人们的创新思维，需要更多的探索和实践。创新思维需要一定数量的词汇作依托，而这种词汇往往不是直接从现成的词库中获得。为了将知识经验信息和新鲜单词语汇真正转化为创新思维的物质载体，我们需要关注并解决以下几个问题。

（一）注意信息的有效性

在确保知识经验信息的专业性和多样性的前提下，需要特别关注信息的有效性问题，也就是所谓的“效度”。在当今科技高速发展的时代，思维创新的目标指向是相对稳定的，因此个人试图通过“遍地开花、行行出状元”来获得成功几乎是不可能的。对于创造性人才来说，必须具备一定的专业知识和技能，才能有效地从事创造性活动。这要求人们在专业基础上精益求精，将注意力集中于核心领域。如果一个领域里存在大量相互关联、彼此依赖、相互支持、相互作用的因素和环节时，则这个系统就是完整意义上的科学体系，它具有整体功能。

根据系统论的基本原理，某一组“独立”的元素虽然看似彼此独立，但实际上它们与外部环境之间存在着错综复杂的相互关系。因此，在我们专注于探究“独立”元素的本质、作用等方面时，我们的思维也应该聚焦于那些看似与专业无关的“相关”信息，这样可以相互启迪、相互借鉴，从而找到“线索”，找到解决问题的切入点，甚至带来出乎意料的成效。

在当前的世界，知识以惊人的速度不断演进和更新，学科分类也变得越来越细致，全球范围内不断涌现着新的事物、观念和信息。人们的思维也随着社会环境和科技条件的变化不断发生着变革，从而形成了一种崭新的思维方式——“创新思维”。在信息爆炸的环境中，如何审慎而有效地筛选和组合有用的信息，以提高信息的“效度”并克服“信息疲劳症”，是实现创新思维的至关重要的一环。因此，提升信息搜集的有效性即“效度”，切实践行思维“经济”原则，即以最小的劳动成本，避免不必要的“思想浪费”，最终实现创新思维，达到思维的最优效果，这是一个极为重要的理论和实践难题。

显而易见，这类问题的涉及范围极为广泛，不仅需要具体学科和专业人员的参与，也需要跨学科的协作，更需要思维学和信息学专家学者的共同努力，以更好地解决宏观和微观方面的具体问题，如信息迁移、信息互渗和“信息疲劳症”消解等。在这个过程中，知识的获取无疑起着重要作用。首先，让我们探究一下结构和功能的本质，以及它们之间的辩证关系。所谓结构就是一个系统所具有的基本属性或特征，包括组成该系统结构的基本要素及相互联系与相互作用，即它们之间的数量比例、空间分布及其相互之间的内在联系等等。结构是一种概念，它将客观事物内部的各个构成要素和成分以一定的方式联结为一个整体，从而揭示了事物的全部内涵和整体状态；功能则指某一组成要素或组分在其活动中所表现出的效能及与之相适应的运动过程。功能指的是一种事物所具备的能力和作用，可以对其他事物产生影响。

简单说来，二者有如下的基本关系。

（1）功能是由结构决定的。

（2）事物的整体功能不是构成事物各个部分功能的简单相加或机械总和，各个构成部分有机结合为整体才会产生新的功能。

（3）功能影响、制约和改变结构。思维的运转是一个有机的系统，它必须遵循上述有关功能和结构之间辩证作用的基本规律，这是不可或缺的。因此，研究思维，首先必须弄清思维的本质特征。思维的本质在于，通过特定的物质结构（人脑），对客体进行深层和远区的穿透性反应，从而实现心智活动，这是一种由特定结构形式组合而成的语言体系的反映。所以思维必须具有高度的抽象性和概括性。创新思维的独特之处在于，它以更加丰富、合理、复杂、科学的语言为基础，从而产生了思维创新的功能。因此，要使创新思维成为现实的生产力，必须先解决好思维与语言之间关系问题。如果语言的结构组合缺乏合理性和科学性，那么创新思维也将无从谈起，因为语言不仅有表达思想、传递信息的作用，而且具有表达情感、激发联想的功能。当我们领悟到这一点时，我们可以理解为有些人虽然饱读诗书、满腹经纶，但终身平庸、无所作为，这一点是显而易见的。

（二）将信息内化为自己的语言

掌握了丰富的信息，并且信息的结构也极为合理、科学，也不足以产生创新思维。产生创新思维的一个重要环节就是要在理论学习和实践运用的基础上，充分地理解、深刻地领会所掌握的知识经验信息，并把这些信息内化到自己“骨髓”里，形成自己的精神、自己的内在的语言。否则，极有可能在实践上虽然能“依样画葫芦”“基本完成任务”，但总不能总结、创造出新东西，碰到新情况、新问题往往一筹莫展、无计可施，总是处于被动仿效、“慢半拍”状态；或者，理论上似乎懂了，但一旦深入具体地运用于实际就感觉力不从心，就打折扣、出问题，就与客观实际发生“错位”，这显然不是真正的“懂”，不是我们常常挂在嘴边的真正的“充分理解、深刻领会”的状态。生活中“高分低能”的情况就属于这种现象。因此，真正地将丰富的信息内化为自己的语言，将这种语言参与到思维过程中，才能实现真正的独立思考，才有可能“嬉笑怒骂皆成文章”，如此，思维创新就有实现的可能性。

三、直觉和灵感是实现创新思维的两种途径

当人们获得了丰富而有效的知识经验信息，并将其融入自己的语言中时，他们实际上已经成功地实现了知识和智慧的转化。因此，在创新活动中，人们往往通过运用各种方法来获得大量有价值的知识经验信息。然而，这种将认知转化为智慧的过程只是创新思维的必要前提，它只为实现创新思维提供了巨大的可能性，但并未达到知识经验信息的“创造性转化”的目的。

为了实现知识经验信息的“创造性转化”，并将创新思维的可能性转化为现实，人们必须在心智上达到两种境界，也就是科学家爱因斯坦所提出的“神圣的好奇心”，即对未知事物的强烈好奇心和从中获得的喜悦和满足感；“对新东西的渴望”，即希望能通过自己的努力去发现新事物或创造新发明、新工艺。

当然，由于直觉的超越和省略了某些严密的逻辑环节，导致其结果有时缺乏可靠性，因此需要进行逻辑的整合、验证和实践的检验。在这个意义上，直觉就是一种创造性思维，它是人类认识事物发展过程中产生并不断深化起来的。直觉作为一种创新思维，具有高度发达、高度省略的逻辑思维特点，因此在经过严格艰苦的、长期的、坚定不移的学习、准备和训练后，人们可以深刻地感受到直觉思维的魅力。在人类社会历史上，许多杰出的人物，都能通过直觉获得巨大而丰富的智慧成果，从而成为他们一生中最伟大的成就之一。从这个视角来看，尽管人类的直觉很难被察觉，但它并非一种神秘莫测、难以捉摸的存在。直觉在一定程度上反映了人的智慧水平，因而它对人类社会生活有着广泛而深刻的影响。经过深入分析，我们不难发现，那些具有卓越思维能力、卓越成就和相似知识经验背景的人，往往能够在众多英雄豪杰中脱颖而出”。

直觉和灵感的产生都依赖于一种共同的心智前提，即“神圣的好奇心”和“内在的自由”在思维和技术上的结合，这一点与之前提到的相同。在人类认识活动中，直觉始终处于一种重要地位，并以其特有方式影响着人们的思想和行为。然而，与那些凭借直觉不断追寻问题的“一目了然”“一眼看穿”“力透纸背”式的直接洞察不同，我们的灵感往往源于主体思维“困遏”、逻辑“线路”受阻之时。

这种情形下，主体似乎陷入了一片茫然，意识按照既定思路进行研究难以有所突破，问题也将无法得到妥善解决。这时就需要一种新的思维方式来帮助我们摆脱这种困境，这就是“松弛疗法”。为了缓解紧绷的大脑，使思维信息游移到“松弛”的脑神经上，主体决定将注意力从问题本身转向其他领域，如休息、调整、欣赏琴棋书画、远足郊游、欣赏花鸟自然田园之趣，甚至干脆睡上一觉。在这种状态下，主体身心处于一种轻松自然的状态，因为受到一种看似“局外”的“意象”（如牛顿眼中落地的苹果）或“意念”（如唐玄宗梦游广寒宫时“听到”的仙乐——醒后他据此谱写成著名的《霓裳羽衣曲》）的刺激、启迪、触动，原有的知识经验信息就有可能在新的层面实现对接、整合、重组，从而达到至高级的有序状态。在“疑无路”之时，思维进入一个全新的境界，经过苦苦思索的问题疑团顿消、“死结被打开”、问题得到了解决，思想进入了前人未曾涉足的空间——灵感创新思维结出了硕果！事实上，有可能就是微不足道的因素，就能催生思维的质的飞跃和突破。

这正是丁·格莱克学者所描述的“蝴蝶效应”，即在非线性作用下，即使是微小的因素也可能导致戏剧性效果，其幅值难以衡量。一粒沙石的落下也可能引发沙堆雪崩式地坍塌；当一只蝴蝶的翅膀轻轻扇动时，或许会引发下个月某地的一场狂风暴雨。同样道理，一个人在思考时如果有了灵感，那么他的思维过程就会变得更加清晰和迅速。可见，科学逻辑思维规律贯穿着灵感思维。

简言之，直觉和灵感作为实现创新思维的形式，都遵循逻辑思维规律，但它们所遵循的是更为复杂、精密的前沿思维逻辑。例如，现代意义上的模糊逻辑和辩证逻辑。在现代科学领域中，直觉与灵感的产生主要依赖于逻辑学原理的指导，并以其独特的功能作用于科学研究活动的各个方面，从而推动着科学技术事业的发展。作为一种创新思维方式，直觉和灵感被称为创新，因为它们沿袭了传统的科学思维方式；其次，它们为人类带来了前所未有的思维逻辑的探索和创新，而这些探索和创新往往是普通人难以企及的。创新思维与其他任何一种科学的创新活动一样，其最终目的就是要把自己引向更高的层次——创造性思维能力。唯有怀揣着一份神秘的好奇之心，追求内在的自由，勇于攀登，不畏艰辛，方能登上创新科学思维的巅峰。

第三节　大学生产生创新思维的过程

一、准备阶段

为了确保创新活动的顺利开展，必须进行充分的前期准备工作。所谓准备就是要为创新活动作好一切可能的心理准备工作。例如，必要的知识资料搜集、以往经验的组织、技术设备的筹集以及其他条件的提供等一系列工作。这些都需要一定时间和精力，但有时也会出现一些意想不到的结果。爱因斯坦青年时期，对物理学中的基本问题感到困惑，特别是关于光的速度问题，这让他感到十分困扰。为了弄清这些问题，他做过很多试验，但都没有得到满意的结果。之后的七年里，他孜孜不倦地搜罗资料，深入思考，以期解决这一难题。在这段时间内，他阅读了大量有关物理方面的书籍和杂志，还亲自进行实验研究。当他开始思考时间的概念时，他突然意识到那些在他脑海中萦绕的难题已经得到了解决。于是他把自己所知道的所有有关时间和空间方面的知识都用实验方法记录下来。在短短五周的时间里，他整理完成了相对论的内容，成为享誉全球的科学等。他是如何取得这一成就的？尽管相对论的研究报告仅在短暂的数周内问世，但它的初衷却是从问题开始思考，经过七年的精心准备，才完成了整个理论体系的构建，这份成果可谓是一份来之不易的收获。因此，准备乃是创新开始的先决条件，不可缺少。

二、酝酿阶段

在准备之后，如若工作的效果仍然不好，或问题解决的关键仍未获得线索，或所拟定的假设仍然未能验证，在这类情况下，研究者不得不把它搁置下来。这种未获得要领而暂缓进行的阶段，便称为酝酿阶段。这可用早年法国数学家坡英克尔的经验为例。当他在考虑数学上的一个重要问题久而未得要领时，就将它放下了，跑到海滨去思考另一个问题。此时，对第一个问题的思考正处于酝酿阶段。一天清晨，当他在沙滩上走着时，忽然涌出了一个新观念，他就又将先前的数学问题拿出来，根据这种新观念思考，果然获得了圆满的解决。问题解决之前处于酝酿阶段，新观念突发的瞬间就步入了创造过程的第三阶段。

三、豁朗阶段

在酝酿成熟的基础上，超常的新观念、新思想脱颖而出，使人有豁然开朗的感觉，这一时期称为豁朗阶段。直觉、顿悟或灵感就是在这个阶段产生的。许多伟大的发现、发明都经过这个时期。据说，比利时著名化学家凯库尔曾对苯的分子结构百思不得其解，面对火炉打起瞌睡来。突然，在他面前有许多原子手拉手形成许多条蛇，这些蛇跳着舞，一条蛇居然用口咬住了自己的尾巴……凯库尔从睡梦中惊醒，画出了这条蛇——苯的分子结构。

对于这种现象，心理学怎样解释呢？就目前科学水平来说，巴甫洛夫的相互诱导规律是最好的解释。当大脑皮层的某一区域处于优势兴奋状态时，其他区域则会受到负诱导的抑制，这种现象符合一定的规律。大脑通过这种抑制作用来维持正常思维活动，这就是我们常说的“优势效应”。当一个人思考问题时，其大脑皮层上的特定区域会形成一处具有优势的神经元兴奋区。比如，在做直线运动时，大脑中的优势兴奋点就在左侧前额叶区域。随着对该问题在某一方向上的深入思考，大脑皮层上其他区域的思维方式会因负向诱导而受到抑制，增强了优势兴奋，最终导致阻塞现象的加剧。因此，要想解决某一具体的实际问题，必须先把注意力集中到该方向上来，然后再考虑其他可能出现的途径或方法。相反，如果我们暂时放弃从这个角度去思考问题，那么大脑皮层上的这个区域的优势兴奋状态将会降低，而其他区域则会因为抑制解除而提高其兴奋状态（正诱导），这时，其他的思路也会自然而然地产生。在思维的酝酿过程中，我们可以暂时放松一个人原有的思维方式，激发其他思维方式的活力，同时也容易受到偶然遇到的事物的启发，从而用全新的思维方式替代原有的思维方式。这实际上是把以前没有解决的问题作为一种线索来看待，然后通过反复思考和探索，找到解决问题的办法。一旦新的思维模式被打开，问题便会迎刃而解。

四、验证阶段

验证阶段是创新性思维的最后一个阶段，也是最重要的一个步骤。研究者的假设，如果不经过验证，便是无稽之谈；通过验证，才是科学真理。例如，爱因斯坦预言，光的射线在较大的物体面前，会由于引力的作用而弯曲。这个假设，后来在1919年日食时被证明无误。当然，上述四个阶段的划分只是相对的，之间可能互有重叠。

第四节　大学生创新思维技法

一、类比思维法

（一）什么是类比思维法

科学研究常常将看似毫不相关的两个实体联系在一起，从而实现新的突破。类比思维法是一种从两个或两个以上不同领域中相同、相似问题入手，分析其异同点并从中找出某些共同性和规律性后加以比较研究而得出新知的方法。类比思维法是一种将看似毫不相关的两类事物归为同一范畴并进行对照的方法，通过寻找它们之间的共同规律，创造性地解决问题。

类比思维中所涉及的两个事物往往具有某种程度的相似，或者说有某些属性相同，在已知其中一事物有某种属性时，可以推出另一事物也具有相同的属性，进而将两事物联系在一起进行思考，从而产生创造性的设想。如把三角形和圆联系起来，就产生了三角理论；把时间空间与运动速度联系起来，就产生了相对论；把光的波动性和粒子性联系起来，就产生了量子力学；而将苹果落地看成两个星体之间的相互吸引，则发现了万有引力定律……

（二）类比思维法的作用

在人们碰到难题无法解决之时，类比思维法能给人们指出解决问题的方向和目标。正如康德所说："每当理智缺乏可靠论证的思路时，类比这个方法往往能指引我们前进。"比如，达尔文根据多年实地考察和收集的科学事实得出了生物进化论的思想，并认为"选择"在人工培育动植物种类中有着巨大的作用。但是，生活在自然状态中的生物的选择是怎样的呢？达尔文认为，这个问题"在相当的时期内，对我来说是个谜"。正在他无法解决这个问题的时候，有一次，他偶然地翻阅了马尔萨斯的《人口论》，他从马尔萨斯的理论中得到启发，运用类比思维法，直接得出动植物界优胜劣汰的自然选择理论。这是类比思维法启发作用的一例。

（三）进行类比思维要注意的问题

1. 尽可能看到事物的共同之处

运用类比思维，首先要求能看出两类事物之间的类比关系，意味着能将看上去似乎毫不相关的两类事物纳入同一个深层次的上位范畴，从而将已经把握的关系，转用于尚处生疏的事物上去，使问题得到创造性解决。这就要求我们尽可能寻找事物的相同点，不能断然认为事物之间毫无共同之处，关键是看放在怎样的上位范畴中。

2. 作为类比的属性应是两类事物的本质属性，而不是非本质属性

比如，海豚具有流线型的体形和特殊构造的皮肤（具有双层结构，柔软的皮可以相互滑动并吸引移动时产生的漩涡从而减少阻力），于是人们就设想使潜艇具有流线型的体形并穿上用橡胶仿制的“海豚皮”，以减少前进的阻力，从而提高航速。这个类比中所依据的属性（体形和皮肤）是本质的，所以结论（在水中前进速度快）就比较可靠。

如果根据非本质的属性进行类比，那就会犯“机械类比”的思维错误。“机械类比”就是把偶然的属性或仅把表面上有些相似、实质上完全不同的两种对象进行类比，从而推出一些荒谬或毫不相干的结论来。

二、广开思路法

（一）什么是广开思路法

当一个人的思维范围变得更加广泛时，就更容易培养出富有创造性的思维方式。要使学生善于思考和大胆创新就必须鼓励他们多动脑。广开思路法是一种思维方式，它允许主体在多个视角下自由探索问题的答案，不受任何限制。

一项研究旨在为中学生设定一个故事情节的标题，其数量不受限制。结果发现，设置了不同题目的学生所得出的答案相差很大。将中学生划分为两组，其中一组需要设置更多的标题，以达到更好的效果；对另外一组，则要求设定的题目

越少越佳，但要求所设定的标题必须经过严格的质量检验。实验中首先将这些题目按其难易程度排列出来，并在规定时间内逐一进行测试。请专家对两组中学生所提供的标题进行评估，以确保其质量符合要求。研究发现，在数量方面，要求数量组的高品质标题远胜于要求质量组，这表明广泛的思路可以促进创新思维的发展。

（二）广开思路法的具体应用

1. 原型辐射

原型辐射是一种以某一事物为中心的思考方式，通过多角度、多侧面的探究，以达到对该事物的全面认知。比如，列举出某一物体尽可能多的用途；以某个形状为出发点添笔画，所成物体越多越好；写出带有某个偏旁的字；列举出能分出大小的事物；给故事续编结尾；给一篇文章定标题；解题时一题多解；等等。

2. 重新定义

重新定义的关键在于对信息或物品的本意进行重新定义，以适应另一种目的。如将建筑用的砖用来做自卫的武器，把写字的纸当作奖品发给优秀生，用玩具飞碟做搬运积木的容器，用取暖的布当作屏障来变魔术，用写板报的黑板做担架来抬突然晕倒的老师去医院等，都是重新界定的结果。

三、组合思维法

（一）什么是组合思维法

在 1877 年的某一天，爱迪生将一份描绘锡纸圆筒、螺旋杆，以及带有尖针和薄膜的圆头的图纸移交给一位工匠，让其进行制造。这个工人看了这幅图以后，马上动手制作出一台能听到声音的机器。后来，艾迪生又让工匠用这些图纸做成一台能说话的机器。当爱迪生将这台能够言语的机器带到《科学美国人》杂志编辑部进行表演时，所有的报纸和记者都到场观看，场面十分壮观。当爱迪生将尖针放在锡纸圆筒上，并旋转圆筒，发出记录在锡纸上的说话声音时，所有人都沸腾了起来，欢呼不断。这就是留声机的诞生。他发明的留声机之所以能成功地运用到生产和生活中去，是因为他善于从大量的实际问题出发，寻找事物之间的内在联系和发展规律，并从中找到解决问题的途径和方法。爱迪生的组合思维产生了惊人的成果，将几个平凡无奇的元素巧妙地融合在一起。因此，组合思维是创新的关键。美国“阿波罗登月计划”总指挥韦伯说：“阿波罗计划中没有一项新发明的技术，都是现成的，关键在于综合。”正是由于这些成功的经验和教训，使他总结出了一套行之有效的科学理论——组合思维法。此处所指的综合，实则是将多种元素融合在一起所形成的复合体。所谓组合，是指把两个或更多的要素有机地结合起来，使之达到最优状态的一种科学思维方法。组合思维法是一种创新的思维方式，它通过对现有实物进行有序的组织和加工，使其形态和功能得到更加优化的提升。

（二）怎样进行组合思维

怎样进行组合才能比较合理，才能使组合处于最佳状态呢？这就需要注意下列几点。

1. 在进行组合思考的时候，应从多方面、多个事物中去寻找组合物

比如围巾，如要加以改进，一般只是从它的大小、长短、花色、材料方面进行考虑，即离不开一般的常规思维，所以改进不大。而国外，有人打开思路，大胆设想，将音乐和围巾组合起来，组成音乐围巾，人们一边围着温暖的围巾，一边听音乐，别有情趣，这种围巾十分畅销。

2. 在进行组合思考的时候，要把握住组合的方向

思维是有方向性的，组合思维也是这样。那么，组合的方向是什么呢？就是事物之间的组合点。组合点就是组合的方向，只有把握住组合点，才能进行有效的组合。人们把洗衣机和甩干桶组合在一起，组成双缸或套缸洗衣机，它们的组合点就是洗衣。人们把收音机和录音机组合在一起，组成收录机，它们的组合点就是声音，离开声音，它们无法组合。反之，人们不会把收录机和洗衣机组合在一起，因为它们两者没有共同的组合点。

这也告诉我们：组合并不是一种杂乱无章的凑合，而是一种有机的综合。比如“摩擦”与“焊接”似乎风马牛不相及，扯不到一起，但是人们为什么把它们组合在一起，成为摩擦焊接法呢？因为它们有“生热”这个组合点，摩擦能生热，焊接需要热，所以两者能组合在一起。

3. 在进行组合思考的时候，要注意实用性

市场上有一种母子式自行车雨披，巧妙地将大人、小孩的两件雨披组合在一

起。但是我们从未见过大小两把伞组合在一起的伞出现，为什么？因为不实用，大小雨披的组合前提是使用者运动速度相同；而大小雨伞的使用者运动速度可能不同，使用起来不方便，还不如每人打一把伞好。虽然国外有人申请了大小伞的专利，但并没有生产，因为它们不是结构复杂、制作困难，就是价格昂贵，没有实用价值。

四、灵感思维法

（一）什么是灵感思维法

灵感思维法是一种具有创新性的思维方式，它能够在某些因素的刺激下，以非凡的方式突然解决那些令人困惑的问题。

英国有位牧师，在他家的花园里种了许多花。可是，这些花都保不住。因为孩子们上学都要穿过这块地，踩、折刚刚开出的花。牧师苦苦思索了很久，总是想不出一个好办法。后来，有一次他经过一家卖花小店门口，突然想出了一个办法。这个办法确实很灵，使他保住了他的花。一天早晨，牧师站在花园中间，孩子们正向学校走去。有一个男孩子走近他，问道："我能折一枝花吗？""你想要哪一枝？"牧师问道。小男孩选了一枝很低的郁金香。然后牧师说："这花归你了。如果你把花留在这儿，它还能开好几天。要是你现在折了它，那就只能玩一会儿，你看怎么好呢？"小男孩想了一下说："那我就把它留在这儿，等我放学回来再看看它。"那天，有二十几个孩子等着牧师给他们送花，并且都同意把他们的花留在花园，直到它们枯萎。

在面对那些无法通过深思熟虑解决的问题时，牧师运用了灵感思维，最终找到了一种解决方案。在这片土地上，山峦重重，江水蜿蜒，仿佛迷失了方向，而眼前的景象却是一片柳暗花明的景象。

（二）灵感的特点

1. 注意的集中性

当一个人的注意力高度集中的时候，大脑皮层便产生一个优势兴奋中心，此时智力的效果最佳；新的暂时神经联系容易建立和巩固，已有的暂时神经联系容易唤起，使创造者的才能得到充分发挥。

2. 幻想的奇特性

异想天开的幻想似乎不易被人接受，然而有多少创造发明中没有奇思妙想？一些当时听起来令人目瞪口呆的幻想如今已变成有目共睹的事实。苏联作家在1925年便幻想有朝一日能将人体的器官移植。如今，器官移植已不是新鲜事了。古人的“嫦娥奔月”的幻想，今天不是也已经成为事实了吗？正是靠这种奇特的幻想，牛顿才将习以为常的苹果当作星球从而发现了万有引力定律。这些事例，都说明了灵感中幻想的奇特性。

3. 情感的激奋性

在灵感产生时，人的情绪、情感往往非常强烈，不能自已。戴维，一位英国化学家，在成功制取钾元素的过程中，不顾烫伤了自己的手和眼睛，在实验室里翩翩起舞。当他碰坏了曲颈瓶后，他仍然不停地跳跃并大声呼喊：“这真是太神奇了，戴维！”他的声音充满了整个教室和实验室，使全班同学都能听到他那清脆而响亮的歌声。在进行实验记录时，他一气呵成地写下了数个笔头，完成后高声歌唱着离开实验室，然后迅速返回并补充了一行文字：卓越的实验。

4. 逻辑的跳跃性

灵感在逻辑方面具有较大的跳跃性，是一种直觉的非逻辑的思维过程。问题解决之时，问题的结果与出发点之间并没有严格的逻辑推导，仅仅是恍然大悟，但没有一步一步地逻辑论证或推导。当然，灵感闪现之后仍然需要通常的思维予以整理，使其所获得的表象、感受、概念等纳入一定的模式进行加工，借助语言、文字、图像等形式表达出来，成为完整、系统的思维成果。

5. 成果的突发性

灵感的发生常常是经过长期的积累、思考、尝试和探索，因为某种刺激的触发，突然产生的。究其原因，大概因为对某个问题集中的长期的思考，限制了可能导致成功的其他思路；而当思考者散步、聊天、睡觉、看电视时，被压抑的大脑皮层的某些区域得到释放，正确的思路一触即通。

（三）抓住灵感

1. 坚持不懈的努力

坚持不懈的努力，是获得灵感的首要条件。对问题和有关材料进行长时间的顽强思考，是所有曾经获得灵感的人共同经历过的体验。创造大师爱迪生就是在坚持不懈的努力下，获得了许多创造机遇，取得了丰硕的创造成果。这与他坚持不懈的努力是密切相关的。据说在为制造灯丝所考虑的各式各样的材料中，仅竹子纤维一项，他就进行了六百多次试验。

2. 留心观察

因为灵感是转瞬即逝的，因此如果不留心观察就很难抓住机遇。正如发明家弗莱明所言："我的唯一功劳是没有忽视观察。"

3. 勤于笔记

灵感往往是不期而遇的，来得快去得也快，因此要勤于记笔记。爱迪生习惯于记忆想到的几乎每一个意念，而不管这个思想在当时是怎样的微不足道。

4. 重在实施

灵感是一种非逻辑的顿悟，它的闪现仅仅提供一种思路，系统化的东西尚需在有条件的时候加以整理、实验、操作……否则创造性的成果也难以得到。

勒维曾因确定化学物质在人的神经系统中所发挥的作用而获得了诺贝尔奖。一次，他对一只活青蛙的心脏进行检查，结果使他感到困惑不解，对此他很焦虑，觉也睡不好。一天夜里，他躺在床上翻来覆去难以入眠，隐约感到了一个线索，于是，便匆忙记了下来，然后安静地睡去了。醒来后，他又感到十分烦恼，因为他无法辨认他记下的东西，更无法回想起解决的方法。第二天晚上又是一个不眠之夜，直到凌晨三点，闪光再次穿过他的大脑，为了不再重蹈覆辙，他立刻去实验室进行他的实验。

可见，灵感是可遇不可求的，我们要抓住灵感。

第四章 大学生创新能力的开发与训练

本章为大学生创新能力的开发与训练，从大学生自我创新能力、预测决策能力、应变能力等的方面论述了大学生创新能力的开发，从创新能力训练、创新潜能训练、创新心智训练等方面介绍了大学生创新能力的训练。

第一节 大学生创新能力的开发

一、自我创新能力的开发

在一个社会中，创新文化、创新环境和创新机制固然十分重要，但是，身为社会的一员，我们同时应该加强自己独立发展的意识，将个体的创新潜力转变为创新能力。

（一）创新能力自我开发的两个方面

1. 自我表象

自我表象是指一个人建立起来的关于自己的信念和对应的自我形象，这种自我形象是由其自己塑造而成的，所有的思考都源自对自我概念的理解，并反过来构建了所谓的自我心理形象。

人人都有提升自我表象的能力，这种能力来自人的本性，但是由于很多人没有认识到这一点，因此他的创新能力就不可能发挥出来。

教育学家普雷斯哥特·莱克是第一个认为自我表象的增长是一种提高个人表现手段的人。他认为有的人之所以平庸，是因为他们有导致失败的自我表象，而不是因为他们缺乏能力。莱克进一步解释："自我表象是大脑细胞的核心，是个人的自我思想和自我概念，如果一个新的想法与系统中已经存在的想法一致，而且与个人的自我概念一致，它就会很容易被接纳和吸收。如果它看起来不一致，它就会遇到抵制，并可能被拒绝。”

自我表象的另一面是对“理想自我”的思考。我们希望成为什么样的人？具有什么样的品质和能力？它通常是我们成长过程中知道的某个人，即我们最崇拜的人的组合。

大脑中自我的位置和形象是开发自己潜能的决定性因素，我们每一个人实际上都比自己想象的要伟大得多。优质的自我表象（或者叫自我心像），无论创造者是什么来历、什么情况，都能产生巨大的影响。相反，如果没有良好的自我表象，不管创新者的情况如何好，不管他们受过多么高的教育，他们都将一事无成。

2. 自我精进

自我精进是人们开展创新活动的必备品质。心理学的研究表明，在一个人面临问题的时候，如果不能很好地理清问题的根源，或者不知道该如何解决问题，那么他就会感到巨大的压力，所以，管理人员要有一种能够冷静地思考的能力，只有这样，自己的情绪才能得以缓解，并保持平和，才能避免自己陷入困境。

（二）创新能力的自我开发步骤

1. 克服思维定式

随着个人知识、经验的积累，思维定式会形成一种固定的思考方式来解决问题。虽然这种思维定式对于解决常见和老问题很有效，但对于新问题则可能会成为一种障碍。要突破思维定式，关键在于以下途径与方法。

（1）要有创新意识

创新意识是一种积极主动、进取向上的心态，与那种片面追求小胜、故步自封、守旧自满的观念截然不同。拥有创新意识的人，对新事物、新技术、新理念怀有浓厚的兴趣和敏锐的嗅觉，善于积极地寻求变革，并善于吸取和接受最新的技术和方法。

（2）大胆质疑

巴尔扎克曾经说过这样一句名言：“打开一切科学的钥匙都毫无疑问的是个问号。我们大部分的发现，都应归功于‘如何’？而生活的智能大概就在于逢事都不得不问个为什么？”只有通过培养独立自主的思维方式，才能消除依赖心理，摆脱过度依赖的心态。

（3）立体思维

我们要关注宏观、中观和微观的问题，不应局限于狭隘的视野。无论大小，它的存在形式都呈立体的，而非点、线、面等单一形态。我们可以利用立体思维，发挥想象力，探索空间。

（4）暂时抛开书本

贝尔实验室的经验表明，当我们进行新课题研究时，应该有意识地避免查看现有的资料，而是通过自己的努力探索来进行实验，以避免因已有结论而受到认知偏差的影响。

（5）建立自己的原则

要解决问题，不应受限于限制条件，建立个人处世原则有助于把问题简化为易于解决的形式。

（6）多角度思考

我们不能满足于现有的东西，即使那些东西看起来已经很完美。相反，我们应该不断地探索和改进现有的东西，以便创造出更加更新的产品或思想。

（7）模棱两可思考法

在创新过程中，答案的不确定性和多样性可以为思考提供更多的灵活性和发展空间。

（8）求异思维

有意识地采用非传统思维方法，如反向或侧向思考，以达到与众不同的思考结果。

通过上述八个方面的方法，我们可以摆脱思维定式，培养出具有创新性的思维。

2. 贯穿创新精神

创新精神是一种积极主动的思想。这体现在下列领域：

（1）首创精神

首创精神是创造性的基本属性。开创别人所未开创的，就是要有“大胆创新”的思想。有了这种精神，才有了创造的灵魂，没有这种精神，任何好办法都是白搭。

（2）进取精神

只有敢于面对严峻挑战的坚定追求，才能展现出无限的进取精神。要追求成功，必须拥有雄心壮志。通常来说，进取精神包含以下四种意识：对革新的强烈渴望、对成就的强烈追求、对开拓的强烈兴趣及对竞争的强烈敏感。

（3）探索精神

人类的求知欲，往往显现为浓厚的好奇心，表现出对真理的不懈追求。只有通过坚定不移的毅力和不断拼搏的精神，才能满足强烈的求知欲望。

（4）顽强精神

如果缺乏坚定的毅力、不敢面对困难、害怕失败、胆怯面对风险及无法承受压力，那么便难以取得创新方面的成就。科学道路不平坦，只有毅力强、勇攀险峰的人才能登上光辉之巅。

（5）求是精神

科学精神就在于追求实事求是。我们所倡导的创新精神，既不是停留在墨守成规的守旧态度，也不是随意乱撞乱碰的冒险行为。只有那些能够在实际情况和客观规律的指引下思考和行动的人，才能够真正发挥出他们的创造潜力。只要我们秉持着实事求是的态度，就能够摒弃一切干扰，朝着设定的目标努力奋斗。

3. 培养自我的创新品格

通过心理暗示来增强心理韧性。通过使用简短、明确、积极、自信的口号来实施心理暗示，可以有效提高心理素质。法国心理学家艾米尔·古埃是自我潜意识引导领域的开创者。很久以前，他每天都会高声地重复这个短语一百遍："我在生活的各个方面都在不断进步。"，那些每天都在坚定自己的信念和愿望上下功夫的人，定能成为某个领域的专家。心理学指出，没有任何单一的口号能够迅速转变一个人的个性，不可能通过一次性的改变来达到所有目标，真正的问题在于有多少人能够坚持不断的自我激励。

改变自己是一项极具挑战性的任务，只有那些能够成功改变自己的人，才有可能改变他们所处的世界。自我改变是需要靠自己来实现的。阅读成功人士的传记和励志书籍可以帮助人们获得信心、力量，激发内在的创新潜能。许多成功人士也曾经历过缺乏自信、迷茫无助、挫败失落甚至绝望难以自拔的境地。奥斯特洛夫斯基曾面临极度困难与挫折，曾有自杀的念头。为了鞭策自己和青年，他毅然决定振笔疾书，创作出了卓越的文学名著《钢铁是怎样炼成的》。

（2）强化培养兴趣的主观意识

每个领域都有其独特的魅力和价值，只要去体验其中的乐趣和内在美感，就会对其产生浓厚的兴趣，这便是创新思维产生的基础。

（3）保持好奇心

好奇心是促进创新能力发展的重要因素之一。好奇心能激发人的兴趣，推动人们创新和创造。通常情况下，人们被勾起好奇心，但难以持续维持。保持持续的好奇心是培养兴趣的一个关键方面。因此，培养好奇心有利于塑造优秀的人格素质。激发好奇心的方法有：①选择可以激发兴趣和探究欲望的适宜环境。人类接收到的环境信息非常多样化。选择适合的学习环境刺激，主要取决于我们对学习态度的转变。好奇心是推动力，只要注入足够的刺激和环境，就能得到巨大的回报。②学会自主探索以获得答案。感到好奇并激发他们主动思考，探索事物背后的原因和答案。积极参与各种激发兴趣的探索性活动。③能够利用各种感官，自主观察，亲手操作，享受自己完成任务的感受。④养成善于提问的习惯。好奇的驱动下，人们会不断地提出新问题或带着不同的角度去思考旧问题，这种探究的精神常常会带来令人惊喜的发现和突破。“问题”诞生于“求知欲”和“挑战思维”。要提出一个具有真正科学价值的问题，需要满足多个条件，需要从多个方面进行努力。

4. 意志品质的培养

意志指的是人们在社会实践过程中始终坚持，并在很长一段时间内都能保持的一种精神状态，它是一种创新者最有价值的品质，它是一种开拓者在面对困难和险阻时，敢于向前迈进的精神状态。英国文学家狄更斯曾说过：“顽强的毅力可以征服世界上任何一座高峰。”意志是一种精神力量，对于创新者来说，意志是必不可少的。创新者的意志力，可以通过如下方式来培养：

（1）确立宏伟而有活力的奋斗目标 .。

（2）在进行创造性活动的过程中，进行意志素质的磨练与历练。

（3）根据自身的意志特征，有意识地增强自身的训练。

（4）以自我约束为基础，强化自我约束，规范自身行为。。

（5）多参加有助于磨炼意志的体育活动，如长跑、攀岩、登山、游泳等，在锻炼身体的同时，培养自己的意志品质。

5. 质疑精神的培养

创造性的智慧来自对问题的提问，也就是说，对“为什么”进行探究。只有通过“为什么”，才能激起人们的创造欲望，才能想象出比较有创意的行动，培养他们的创新能力。卓越的创新成功的人，是敢于怀疑他人未曾怀疑过的，善于思考他人未曾思考过的，做他人不做的事情的人。只有在质疑的过程中，才能养成独立思考的性格。要培养自己的质疑精神，可以从如下方面入手。

（1）能和自信心一起发展。有了信心，有了好的心境，就能进行独立的思考，就能产生质疑精神。没有信心，就会盲目服从，就会迷信权威，就会甘于平庸。

（2）集中精神。注意是人类智能的一个重要组成部分，心理学的研究发现，有意识的记忆要比无意识的记忆更有效，要想有效地分析和解决问题，必须时刻保持高度的注意力。

（3）一定要从多维度、多视角设问遇到问题。

（4）要有理性，要有自制力，不要随大流。

（三）培养创新能力的途径

通过教育及培养和训练，磨炼和激励出来能力，创新能力也是如此造就的。可以用四个字来概括，即“学、练、干、恒”。这是根据以往的经验、实践总结出来的。

1. 学

掌握创新基础知识，提升自我形象，增强责任意识，并激发创新的动力。

那些被称为天才、伟人、科学家、发明家或革新家的人能够取得辉煌成就，原因在于他们拥有与常人截然不同的思维方式，其中最关键的一点就是他们具备创新性的思维，而非仅仅依赖于复制和套用常规的思路。可以通过学习培养创新思维的能力。

进行思维锻炼，就要在工作、学习和日常生活中应用创新思维模式的技巧，将创新思维模式融入自己的思考方式中。努力学习和掌握常用的个人创新技能和团队创新技能。创新者能取得怎样的成果，关键在于其所采用的思维方式和方法，因为这些方法和方式是开启创新之门的关键。创新思维的转化可以借助个体与群体的创新技巧来完成。创新活动的速度和获取创新成果的频率取决于所面临问题的性质和创新法的选用。

2. 练

实践是巩固知识的有效方式，因此在学习知识的同时，需要积极地进行实践，以加深对知识的理解。只有在学习与实践相结合的基础上，才能更加理解知识并掌握运用技巧。若要拥有创新能力，日常训练是不可或缺的一环。思维经过不断的锻炼，就能变得更加灵活和适应性强。

培养想象力，提高思维的广泛性、关联性和变通性，激发创造性思考，需要在大量练习的基础上逐渐追求高质量的产出。因此，重点在于先注重“量”后追求“质”。创新性的点子通常会在众多想法中涌现出来。

3. 干

干就是付诸行动，通过新颖的思路和技术，通过创造性行动，解决各种难题。通过创新的视角去审视事物，你就会发现许多需要解决的问题。以日本一家柴油机厂为例，它开展了“一日一构想”活动，把公司的存续和进步放到员工的创新能力上，要求每位员工每年提出 100 条有用的构想，而员工却每年平均提出了 300 条及以上。员工每日提出新的创意和想法，这促进了企业的经济增长，每年效益增长率超过 20%，企业稳步发展壮大。

4. 恒

恒指的是一种持续性、系统性的状态或行为。将推进创新活动、加速提升人们的创新能力作为一个长期战略任务来加强。生存和发展是企业界和教育界不可回避的现实。如何实现增长？只有不断创新，才能生存下去，这是不可否认的事实。

二、应变能力的开发

在现代化大生产和科学技术进步的条件下，决策的综合性、复杂性和动态性更加明显，这些特征决定了管理者担任的管理工作基本都是创新性的活动，必须有创新能力。例如，在经营管理方法，要不断树立新的经营意识和经营观念，引进新的生产方式，开拓新的市场，控制新的原料来源，改进新的组织与管理。

管理者要在管理实践中不断创新，积极进取，应该注意开发创新应变能力，其具体的开发方法如下。

（一）培养敏锐的观察力

出色的管理者应该有远大的理想和广泛浓厚的兴趣，能够深入了解社会和管理现状，发现问题的敏锐度非常高。同时，他们应该能够预测问题未解决对管理和创新的影响及后果，了解管理对象的心理和需求，并激发自我思考、探索解决问题的动力和方法。

（二）形成立体思维和辩证的能力

只有具备良好的学习能力、广博的知识储备和敏捷的思维，才能充分挖掘自身潜能，培养丰富的想象力，遇到问题时能够善于运用比喻和类比的方式去思考，善于审慎考虑前因后果，寻找灵感并创造出最佳的解决方案。

（三）学会独立思考、巧于变通

对自己有足够的自信，在面对各种议论时，能够独立思考，绝不盲从，并善于运用综合、移植、转化等创新技巧，解决问题。

（四）要脚踏实地、敢作敢为

决不优柔寡断，思前虑后。面对复杂环境，能迅速提出意见，并把它变成计划，付诸行动。还要敢于负责，工作踏实，不达目的决不罢休。中国人常讲一句话，“计划不如变化快”。好的执行力还需好的应变力来配合，即在工作中不断地修正，以保证计划得以实现。应变力的属性和水的属性相似，遇弯则弯，遇直则直。

三、处理信息能力的开发

信息，是现代管理一种特殊的“无形资源”，是管理活动不可缺少的要素，也是创新和发展的基础。处理信息能力是管理者进行创新活动如管理控制、协调关系的关键，也是进行创新决策的前提。一个管理者吸收、消化和处理信息的能力大小，这将直接影响创新工程的发展程度。开发管理者处理信息能力的途径有以下几点。

（一）搜集信息

派谁搜集、搜集哪些信息和怎样搜集信息，必须有明确的安排。布置信息的收集工作，应有完整的计划，包括确定问题或目标、决定所需信息的种类、确定信息来源、选择搜集的手段和方式、明确信息方式与结论等等。

（二）分析信息

分析信息的首要环节是分类，把繁杂的信息加以科学分类，也是应具备的能力。信息的分析过程，往往是管理者作出创新决策的酝酿与准备过程。

（三）分配信息

信息经过分析和分类，必须及时、准确地分发给有关工作部门，否则就失去信息的效益，甚至造成失误。分配信息是处理信息能力的一个重要标志。

（四）检查监督

工作中将信息分发给有关部门后，必须检查各部门对信息的消化、运用情况。

（五）沟通

在做出决策时，信息扮演着重要的角色。同时，良好的沟通能够促进信息的流通和共享。有效沟通需要三个要素：信息发出者、信息传输途径和信息接收者。

1．沟通的作用

对于组织活动来说，沟通是一种关键手段，能够使参与者协同合作。有效的组织内部沟通是实现共同目标、连接组织成员之间的关键工具。沟通是建立组织与外部环境之间联系的纽带。

2．沟通的方式

在当今的组织系统中，信息传递的速度比以往任何时候都更快。要想成为一位成功的管理者，必须依赖相关信息来实行管理职责和开展管理行动。在管理中，其中获取和传递信息的过程是沟通的基础。领导者只要采用以下几种沟通方式。

（1）从信息流向的角度来分

向下沟通：传统管理中常见的一种单向沟通模式，主要是高层组织层向下传达指令，逐级下达给下层员工。

向上的沟通：员工向管理者请示、汇报工作。

平行沟通：同级员工之间工作上的互相交流与学习。

（2）以信息传递的媒介来划分

书面沟通：它有提供记录、参考、重复阅读等优点。

口头沟通：它是由说和听构成的，既可传递信息，亦可联络情感。

非语言交流：它是一种通过非文字和非语言符号进行信息传递和思想情感交流的方式。除了语言符号以外，还有一些非语言符号，如辅助语言、身体语言、表情和空间运用。

3. 有效沟通的基本要求

为了让沟通效果更好，我们需要认识到沟通中的各种障碍并加以克服。这是顺利沟通的基础。

（1）沟通过程中的障碍及其克服方法

沟通障碍主要分为四个方面，若想避免沟通的不畅顺，需在这四个方面下下功夫。

①障碍由信息发送者引起。若发送者在发出信息前未经深思熟虑地考虑传递信息的目的，并且未经仔细策划和整理就表达了自己的看法，那么就很可能导致传达上的困难。

②传递信息中的障碍。信息从一方传到另一方的过程中，由于损失、遗忘、误解等带来信息的失真。

③由接收者造成的障碍。由于每个人的兴趣不同，心理准备相异，他们常常会有所取舍地接受信息，也就是只接受符合自己兴趣或偏好的信息，这导致了大量信息被忽视。

④人际关系对信息沟通的影响。信息沟通是发送者和接收者之间的“给”与“受”的过程，这是个双向互动过程。

⑤过量的信息造成的障碍。信息量过大来不及处理所导致的有用信息拥塞，丧失有效性。

（2）沟通的要求

首先，有效的沟通需要确保双方所使用的符号都是彼此熟悉的。其次，在沟通过程中，必须关注协商和交流，避免独自思考问题，并寻求他人的支持和协助。再次，传达信息以使接收者受益或获得意义。最后，通过交流达成相互理解。

四、控制协调能力的开发

（一）开发控制能力

管理过程中的控制是通过对员工行为的实际表现进行比对和调整，以确保组织目标的顺利实现。我们可以从另一个角度来理解这个定义：控制是指主体自发、有目的地对对象进行积极的影响与管理，以达到达到预定目标的过程。实际上，控制的核心在于让对象的状态与组织的要求保持一致。

1. 控制的要素

控制系统由三个要素组成。

（1）控制主体

由有管理控制权的人员组成。他们的职责包括规划控制标准，设定控制目标，向被控对象下达命令，在控制系统中担任主动角色，扮演主导和支配的角色。

（2）控制客体

这个系统包括人员、资源、时间、空间、信息和组织结构等元素，作为受控系统，它需要按照控制主体的指示进行操作，合理配置物资、能量和信息，以生成符合控制主体要求的成果。掌控控制对象的主导地位，以便它能够对掌控者反作用于控制主体。

（3）监控系统

监控系统包括专业人员和机器、机构，他们的工作是监测员工的实际操作。该角色不仅需要审查和监控所控制客体的操作结果和过程，还需要将监测结果反馈给控制主体，以便作为调整组织运营的基础，并让整个组织行为不断接近并实现预定目标。该物体是控制系统中的辅助元件，用于监测和调整控制主体与控制客体之间的相互作用，起到中间桥梁的作用。

2. 控制的前提

（1）控制工作应根据计划进行。计划越清晰、越完整，则越能得到更好的控制。

（2）控制是通过清晰的组织架构来保证的。控制是由人产生的，如果组织职责不清，就无法决定哪个部门和哪个人员对偏离计划负责，从而无法进行有效的控制。

（3）要有客观性。在此，管理者对雇员的绩效进行了评估，并提出了相应的控制策略。

（4）控制应当灵活多变。组织的内部环境一直在发生着变化，外部条件也在发生着变化，为了应对这两个方面的挑战，组织必须对规划进行修改，对控制标准进行改进，对控制模式进行调整。因此，为了适应不断变化的内部和外部环境，控制系统必须具备较强的适应性。

（5）管制必须是合算的和有效的。要使组织的整体效益得到改善，必须以正确的决策和有效的管理两个前提为保证。

（6）要及时加以控制。一般而言，工作上的错误更容易被发现，通过对照管理指标和工作业绩，可以迅速地找到问题所在。

（7）控制应该着眼于整体。一个组织是由各个相互联系、相互独立的子系统组成的。

3. 控制的类型

（1）事先控制

事先控制又称前馈控制，指为事先预计可能出现的问题采取预防性控制。例如，某企业的销售量预计将下降到比原计划更低，企业的主管人员就制定新的广告计划、推销计划，以改善预计的销售状况。事先控制位于运行过程的初始阶段，投入与运行过程的交接点是控制活动的关键点。

（2）现场控制

现场控制指管理人员在工作现场指导、监督下属工作，以保证计划目标完成。现场控制，就是正在运行过程中的活动的控制。

（3）事后控制

事后控制又称反馈控制，指根据已取得运行结果的信息，对下一步运行过程作出进一步纠正的控制。

4. 控制方法应用步骤

（1）确定标准。标准是工作成果的规范，是对工作成果进行计量的关键点。

（2）衡量成效，即衡量、对照及测定实际工作与标准的差异。

（3）采取措施，纠正偏差。

5. 开发控制能力

（1）紧紧抓住主要问题

管理者对影响全局的问题要严格控制，对一般问题则需进行弹性控制，不必样样都控制在自己手里。这叫做“抓大放小”的控制艺术。例如，对企业经营管理时，管理者一般要严格加以控制的主要问题是：各种计划编制和实施，投入、产出的比例，产品质量、成本、人、财、物的平衡，资金收支平衡，供产销平衡等。

（2）加强基础工作，制定控制标准

一定要做到事先控制，在问题刚冒头时就加以控制。平时，要注意做好基础工作，对经常产生问题的环节，制定切实可行的控制标准，用绝对数、百分率等下达到有关执行部门，作为考核的标准。

（3）发挥各职能部门的控制体系作用

关键是提高各职能部门和管理者的责任心，通过他们去了解情况，发现和解决问题。同时，要重视计划、报表、专业会议的作用，从中了解、掌握情况，研究分析产生问题的原因，及时作出决策，采取措施，进行有效控制。

（二）开发协调能力

协调，就是处理各种关系，解决各方面的矛盾，实现理想配合。协调关系，就是处理企业内部和企业同外部的各种关系，共同和谐发展。

1. 抓住机会来协调

企业外部环境和内部环境条件都在动态之中，经常会出现“内外”的不平衡，也经常会有“良机”出现。管理者的任务就是善于捕捉这些良机，不断开发内部关系，开垦外部环境，建立新的“内外”平衡。

2. 对工作职责的协调

企业应当明确各职能部门、各管理人员分工和职责。当出现职能不明、互相扯皮时，管理者要果断裁定，不要含糊。让每个人都了解自己的工作目标和担负的责任，协调地开展工作。

3. 对人力、财力、物力的协调

在人力、财力、物力的来源与配置上存在的问题，常常影响到纵向的衔接与横向的协调。管理人员要严格按照计划进行，合理配置，主动均衡。

4. 对物质文明建设与精神文明建设的协调

要正确处理好“两个文明”之间的关系，即物质文明与精神文明，要把握好长远目标与近期任务的关系、发展速度与效益的关系。对于重要的、涉及广泛的事务，可以指派专门的机构和专家进行协调。

5. 倡导相互支持

各个部门的负责人，在各自的工作中，应互相肯定自己工作的地位和作用，不能看不起别人的工作和职责。工作上的配合和支援，不应该只是一种单方面的索取，而应该是一种双向的付出。

6. 促进合理竞争

希望各部门间能够建立健康的竞争关系，在保持共识的前提下，相互协作、相互支持，充分激发成员的积极性和创造力，共同努力实现组织整体目标。

第二节　大学生创新能力的训练

一、创新学习能力

（一）创新知识结构

1. 创新知识的概述

创新知识即创新技法，是从创造技法中套用过来的。它是创造学家根据创造性思维发展规律和大量成功的创造与创新的实例总结出来的一些原理、技巧和方法。创新需要创造性思维，同时也需要创造性技巧与方法。创新技法是指人们在创造过程中，充分调动技能、智力等因素，为实现目标所采取的正确的、能提高创新能力的一种科学方法。

如果把创造创新活动比喻成过河的话，那么方法和技法就是过河的桥或船。方法和技巧可以说比内容和事实更重要。法国著名的生理学家贝尔纳曾说过，良好方法能使我们更好地发挥天赋的才能，而笨拙的方法则可能阻碍才能的发挥。黑格尔说，方法是任何事物所不能抗拒的、最高的、无限的力量。笛卡儿认为，最有用的知识是关于方法的知识。创新知识可以启发人的创新思维，同时也可提高人们的创造力、创新能力。它的应用可直接产生创造、创新成果或提高创造、创新成果的实现率。

创新技法是打开创造之门的钥匙。一个人即使知识再渊博，如果在从事科学研究中不懂创造技法，可能一辈子都只能在创造之门外徘徊，终究一无所获。有的人之所以能取得一个又一个创新成果，除了广博而精深的专业知识外，还有一个重要原因，就是他懂得并且掌握了创造技法。

创新技法是使创造构思向创造成果转化的催化剂。当你选择了科研课题，并有了明确的创新目标，如果你这时能运用科学的方法与技巧，你的构想就会迅速地向目标转化。在创造过程中，技法起了加速器和催化剂的作用。

创新技法是通向成功的桥梁。爱迪生一辈子有一千多项发明，如果没有娴熟的技巧，他不可能一次又一次获得成功。古今中外许许多多的创造发明，每一项都有其科学的方法与技巧。

具体的创新技法主要包括：

（1）综合法

综合法有两种情况：一是将几个人或很多人的构思集中起来，进行创造发明；一是将已有的两种或两种以上的科研成果组合起来，使之成为一个新的事物。如果一个课题组要进行某项科学研究或搞某种创造发明，首先每个人需要发表自己的看法，大家各抒己见之后，课题负责人就要对这些意见进行综合，很有可能大家合理的部分都会被采纳。各个人的意见经过选择综合，就变成了一种新的构想。当代的科学研究很多采用了综合法。可以这样说，现今的许多重大发现与发明都采用了综合法，越是重大的课题越需要综合法。人类基因组草图的问世便是最有力的证明。

（2）合作法

科学研究需要合作，需要无私奉献。丹麦物理学家尼尔斯·玻尔是量子论的最重要的创立者之一，他的贡献是量子论和量子力学、氢原子光谱规律以及原子核反应、重核裂变现象。但是，他的背后有许多无私的合作者、协助者和支持者。

（3）类比法

类比法是指一种推理方法，根据两种事物在某些特征上的相似，做出它们在其他特征上也可能相似的结论。由客观存在的某类事物受到启发产生创新思维，并创造出类似于又高于原事物的行为。在创造发明活动中，类比法经常被使用。

（4）联想法

联想是科学创造的翅膀。联想离不开鲜明的形象，离不开对外界事物的观察与思考。美国飞机发明家威尔伯·莱特和奥维尔·莱特，他们小时候看到鸟在天上飞，就设想人能不能上天与鸟一样飞翔呢。他们由此联想到应制造一种什么工具载人在蓝天翱翔。怀着这一美好的梦想，兄弟俩一直刻苦学习。长大后，他们认真学习有关知识，如数学、空气动力学等。他们认真描绘自己心中的飞行器——飞机的形状、样式，仔细设计每个零部件，进行了多次实验，他们的伟大创新为世界飞行史写下了灿烂的一页。

（5）对比法

把已有的某种东西同自己设想的某种事物进行比较，断定如果按自己设想的去做，制造出新的产品肯定比已有的东西优良，从而进行研究与实验，最终获得成功，这就是对比法在创新过程中的应用。

（6）类推法

类推是指通过不同事物的某些相似性类推出其他的相似性，从而预测出它们在其他方面存在类似的可能性的方法。比照某一事物的道理推出同类其他事物的道理的过程也是类推。

（7）模拟法

先依照原型的主要特征，创设一个相似的模型，然后通过模型来间接研究原型的一种形容方法。根据模型和原型之间的相似关系，模拟法可分为物理模拟和数学模拟两种。当今，随着科学技术的高度发展，数学在各种科技领域中得到广泛运用，特别是电子计算机等先进技术的作用和推广，模拟法的应用范围也越来越广阔，成为提出新的科学设想，探索未知世界不可缺少的研究方法之一。

（8）改进法

这种方法是指在已有发明的基础上进行改造以获得更好的效果。改进法要求在原有基础上“有所改变而更先进”，在功能和效果上要有所突破。传统的胡琴是两根弦，现在有人对胡琴进行改进，使之成为 3 根弦。3 根弦的胡琴同两根弦的胡琴相比，具有声音柔和、音域宽广等优点。

（9）逆向法

一般的发明创造都是遵循一定的思维规律进行的，逆向发明则正好相反，它采取的是截然相反的逆向思维方式，往往能打破常规，以全新的思维形式去发明创造。在科学中，运用逆向发明获得成功的例子是很多的。英国物理学家、化学家法拉第，根据1820年奥斯特关于金属线通电使附近磁针转动的发现展开逆向思考：既然电流能产生磁，那么磁能不能产生电呢？为了弄清电磁关系，他经过反复研究与实验，终于在1831年发现了磁感应生电的现象，从而确定了电磁感应的基本定律，成为现代电工学的基础。他又利用这一原理，创造了电磁学史上第一台感应发电机，成为今天各种复杂电机的始祖

（10）移植法

移植法也称“渗透法”，是指把某个学科已取得的新成果如技术、方法或理论等移植渗透到其他学科、技术领域中，从而解决疑难问题或有新的发明创造的方法。在创造发明中。移植法主要有3种形式：同类转移、异类移植和交叉移植。

（11）模仿法

模仿是指照着某种现成的样子学着做。模仿是一种“再造想象”。再造想象就是通过语言的描述或根据图样、图解、符号记录等在头脑中产生新的形象的过程。模仿既不同于模拟人，也不同于抄袭。它是把过去有经验的或没有经验的东西通过自己的头脑再现出来。它是一种再创造。模仿事物的某一特征创造出与该特征相似的新事物是一种常用的有效的思维方法，称为相似模仿法。

（12）启示法

由某件事或某种事物受到启发，产生创造灵感，通过研究最终获得成功，这在创造发明中比较常见。纺织机的发明就是发明者因某件事受到启示后创造出来的。1764年，英国人哈格里夫斯有一天不小心把女儿的纺车绊倒了。有趣的是，绊倒在地的纺车仍然照样转动。既会织布又要会木工的哈格里夫斯从这儿受到了启发。他想，纺车倒了还在转动，我能不能发明一种机器多装几个纺锤，在不同的方位上同时转动而又互不干扰呢？于是，他经过反复研究和无数次试验，终于制造出了由4根木腿组成，机下有转轴，机上有滑轮，可同时装8个纺锤的纺织机，并用女儿的名字命名为“珍妮纺织机”。后来，他又对纺织机多次进行改革，把纺锤逐步增加到18个、30个，直到80个。这种机器因省人、省力且劳动效率

高，后被各家纺织厂所采用。

（13）跨越法

实现科技跨越式发展是许多发展中国家的战略选择。我国通信技术已成功地实现了跨越式发展。过去我们的通信，无论是技术、产业和生产能力都十分落后，但通过引进、消化、吸收、创新，利用后发优势，直接越过了模拟制式，而采用数字式。跨越法是跨越别人已有的技术或理论成果。这是一种省力的办法。例如，我国的“两弹一星”，别人花了很长时间才（14）推导法

这是指从已知的原理出发进行推理，得出一个新的结论的方法。推导法适用于科学发现。法国曾有位数学家根据数学计算，推导出天体的某地方还有一颗星。若干年后，天文学家通过天文望远镜果然发现了那颗星。元素周期表里的不少元素也是人们推导出来后被发现的。除这些方法外，有些创造发明并不是人们刻意去追求的，而是意外的发明，如邮票打孔机的发明。亨利看到别人在没有剪刀的情况下，用别针在邮票周围打孔之后，很容易撕下来使用，他受到启发后研制出了邮票打孔机。我国古代火药的发明，就是道士在炼丹的过程中意外发现的。

随着科技的迅猛发展，新的发明与创造越来越多。有人认为，创造发明都被别人抢先了，自己再无法搞创造发明了。这种认识是错误的。其实，创造发明的成果越多，给我们提供的创新思路也越来越多。如果有了科学知识，再掌握一些技法，创造发明就不难了。

创新知识产生的原则包括自由畅想，信息刺激，集思广益，量中求质，同中求异，异中求同，需要导向，尊重科学，综合创造，实践第

创新知识的 3 个要素包括：从事某些专业所必备的知识；一定范围内相对稳定的系统化的专业知识；有助于提高创新能力的知识

2. 创新知识的运用

（1）创新知识的运用要遵循创造法则

①综合法则

综合法则是指在分析各个构成要素的基础上加以综合，使综合的整体作用创造出新成果。例如，美国的阿波罗登月计划可算是当代最大型的各种创造发明、科学技术的综合，该项计划准备了 10 年，动员了全美 1/3 的科学家参加，两万多个工厂承做了 700 多万个零件，耗资达 240 亿美元。

②还原法则

还原法则又称抽象法则，是指抓住事物的本质，回到根本，抓住关键，将最主要的功能抽出来，集中研究其实现的手段，得到具有创造性的最佳效果。例如，洗衣机的创造成功是还原法则应用的成功例子。其本质是“洗”，即还原。而衣服脏的原因是灰尘、油污、汗渍等的吸附与渗透。因此，洗衣的关键是“分离”。这样可考虑各种各样的方法，如机械法、物理法和化学法等。

③对应法则

在设计创造中，相似原则、仿形仿生设计、模拟比较、类比联想等对应法则用得很广。例如，机械手是人手取物的模拟，木梳是人手梳头的仿形，夜视装置即猫头鹰眼的仿生设计等

④移植法则

把一个研究对象的概念、原理、方法运用于另一个研究对象并取得成果的有效法则。例如，日本开始生产聚丙烯材料时，聚丙烯薄膜袋销路不畅，推销员吉川退助在酒店稍事休息，女店主送上手巾给他擦汗，因是用过的毛巾，气味令他嫌恶。他突然想到：如果每块洗净的湿毛巾都用聚丙烯薄膜袋装好，一则毛巾不会干掉，二来用过与否一目了然。于是，他申请了小发明，仅花 1500 日元，而获利高达 7000 万日元。

⑤离散法则

这一法则冲破原先事物面貌的限制，将研究对象予以分离，创造出新概念、新产品。例如，隐性眼镜是眼镜架与镜片离散后的新产品，音箱是扬声器和收音机整体的离散，活字印刷术是原来整体刻板的分离等。

⑥强化法则

强化法则又称聚焦原理，强化事物属性的某一个或几个方面。例如，利用激光装置及专用字体创造成的微缩技术，使列宁图书馆 20km 长书架上的书缩在 10 个卡片盒内，以及浓缩药丸、增强塑料、钢化玻璃等。

⑦换元法则

换元法则即替换、代替的法则。例如，高能粒子运动轨迹的测量仪器——液态气泡室的发明，是发明人美国核物理学家格拉肖在喝啤酒时产生的创造性构想。他不小心将鸡骨落到了啤酒中，随着鸡骨沉落，周围不断冒出啤酒的气泡，因而

显示了鸡骨的运动轨迹。他用液态氢介质“置换”了啤酒，用高能粒子“置换”鸡骨，发现带电高能粒子穿越液态氮时，同样出现一串气泡，故发明了“气泡室”，并获得 1979 年的诺贝尔奖

⑧组合法则

组合法则又称系统法则、排列法则，是将两种或两种以上的学说、技术、产品的一部分或全部进行适当结合，形成新原理、新技术、新产品的创造法则。它可以是自然组合，也可以是人工组合。例如，计算器用太阳能电池，装上日历、钟表，组合得到了新产品，以及不同金属或非金属可组合成性能良好的各种复合材料等。

⑨逆反法则

逆反法则即打破习惯的思维方式，对已有的理论、科学技术、产品设计等持怀疑态度，“反其道而行之”，往往会得到极妙的设计或创造发明。例如，人倒退走路，使脊椎相反受力而治疗腰肌劳损等疾病，是逆反法则在医疗技术上的应用。过去总说“生命在于运动”，而现在“生命在于静止”的静默疗法，让病人运用想象力来表达自己与疾病斗争的愿望；用静功来运行全身气血，可使精神放松，改变体内生理生化状态，增强机体免疫能力，以战胜疾病。

⑩群体法则

科学的发展，使创造发明越来越需要发挥群体智慧，集思广益、取长补短。现代设计法也摆脱了过去狭隘的专业范围，需要大量的信息、需要多学科的交叉渗透。

（2）常用的一些创新知识技法

①头脑风暴法

当一群人围绕一个特定的兴趣领域产生新观点时，这种情境称为头脑风暴。由于会议使用了没有规则的拘束，人们就能更自由地思考，进入思想的新区域，从而产生很多的新观点和问题解决方法。当参加者有了新观点和想法时，他们就大声说出来，然后在他人提出的观点之上建立新观点。所有的观点被记录但不进行点评。只有头脑风暴会议结束时，才对这些观点和想法进行评估。

头脑风暴的活动原则包括：自由畅想，要求参加者不受任何条条框框限制，放松思想，让思维自由驰骋；延迟批判，在组织头脑风暴会议时，必须坚持当场

不对任何设想做出评价的原则；以量求质，头脑风暴的目标是获得尽可能多的设想，增加设想的数量以获得有价值的创造；综合改善，鼓励与会者对别人的设想完善成新的设想，会后对所有设想作综合改善的工作；限时限人，会议通常限定时间为 30—60min，人数为 10 人左右。

②列举法

列举法可分为希望点列举法和缺点列举法。希望点列举法可按发明人的意愿提出各种新设想，可不受现有设计的束缚，是一种更为积极、主动型的创造技法。当发现了现有事物、设计等缺点，就可找出改进方案，进行创造发明，称为缺点列举法。

③设问法

设问法是通过多角度提出问题，从中寻找思路，进而作出选择并深入开发创造性设想的创造技法。设问法主要围绕现有的事物，以书面或口头形式提出各种论题，通过提问，发现现存问题和不足的地方，从而找到要革新的方面，发明出新的事物来。其中，最著名的有检核表法、检查提问法、5W1H 法、七步法及行停法

④联想法

A. 相似联想。大脑收到刺激后自然地想起与这一刺激相类似的动作、经验或事物例如，从火柴联想到发明打火机；从毛笔写字联想到指书、口书；从墨水不小心滴在纸上会产生不同形象，联想发明了“吹画”；从雨伞的开合，发明了能开合的饭罩。

B. 接近联想。大脑想起在时间或空间上与外来刺激接近的经验、事物或动作。例如，造纸工人约瑟夫·蒙戈菲尔和文蒂安内·蒙戈菲尔兄弟，从厨房生火的上空碎纸片会向上升起的现象，用纸袋做实验，发现纸袋内容纳了热空气，更易上升，逐渐将纸袋越做越大、越做越好。终于在 1783 年 6 月 5 日，在安诺内广场上作了公开表演。后来，蒙戈菲尔兄弟又把一个巨大的、装饰得很漂亮的热气球送上天空，吊篮里还带了一只公鸡、一只羊和一只鸭。国王路易十六和王后玛丽·安托内特也来观看。

C. 对比联想。大脑想起与外来刺激完全相反的经验、动作或事物，称为对比联想由高山想到流水，由黑暗想到光明，忆苦而思甜，都是因对比关系引起的

联想。在学习和记忆中，运用对比联想可提高学习效率和加强记忆，促进回忆。例如，语文教学中将一对反义词同时进行学习，算术教学中加和减、乘与除的对比，以及化学元素性质的对比，都是对比联想的运用。

⑤灵感法

灵感法是靠激发灵感，使创新中久久得不到解决的关键问题获得解决的创新技法其特征是突发性、突变性和突破性。它是突然闪出的领悟，是一种认识上质的飞跃

⑥专利利用法

全世界每年申报许多专利，而且其中发明的新技术有 90%—95% 发表在专利文献上。但我国目前专利真正发挥作用的还不足 10%。因此，可以借用专利构思创新、设计开发

（二）创新学习能力

1. 创新学习能力的内涵

学习能力有 4 种定义：学习能力一般是指人们在正式学习或非正式学习环境下，自我求知、做事、发展的能力；学习能力是指学生通过教师的指导而掌握科学的学习方法，也就是通常所说的“会学”；一般学习能力是指在很多种基本活动中表现出来的能力，如观察力、记忆力、抽象概括能力、注意力及理解能力等；学习能力是指观察和参与新的体验，把新知识融入已有的知识，从而改变已有知识结构的能力。

而创新学习的概念最早出现在由 JamesW .Botkin 等所著，1979 年出版的《学无止境》(No Limits to learning) 一书中，它是针对全球存在的环境问题、能源危机等而提出来的。创新学习是与传统的维持学习 (maintenance learning) 相对的一种学习。创新学习是能够引起变化、更新、改组和形成一系列问题的学习。其主要特点是综合，适用于开放的环境和系统。针对我国教育的现状以及教育改革的要求，在今天提出创新学习更有它新的内涵。创新学习，指的是学习者在学习已有知识的过程中，不拘泥于书本，不迷信于权威，不依循于常规，而是以已有的知识为基础，结合当前的实践，独立思考，大胆探索，积极提出自己的新思想、新观点、新思路、新设计、新意图、新途径及新方法的学习活动。这里

的“新”，不仅是指新发现，也是指新发展。因为不可能每个人都能揭示新的原理，发现新的方法，只要把人们已揭示的原理和发现的方法应用于不同的问题上，就是一种创新学习。

（1）从学习目的看，创新性学习以在继承前人知识的基础上发展、开拓、创新为目的，因而注重知识的发展性理解，了解知识的过去、现在，展望未来，掌握已知领域，展望未知领域，追求“青出于蓝而胜于蓝”，“踏着前人的肩膀向上攀登”。

（2）从学习目标看，创新性学习以掌握前人知识为起点，以应用并且发展知识为目标，因而注重知识的相对真理性、发展性，注重为发展知识而去掌握知识，在提高应用能力的基础上培养创新的能力和技巧，讲究“温故知新”“推陈出新”。

（3）从学习标准看，创新性学习以建立合理的知识结构、提高应用和创新能力为标准，不盲目追求掌握知识的数量，注重知识的结构，注重获取新知的方法，注重分析和解决问题的实践能力，把学习能力、实践能力、创新能力视为衡量学习成果同等重要的标准。

（4）从学习内容看，创新性学习在掌握结论性知识基础上，进一步追求知识产生发展过程和获得新知的方法，追求书本背后的东西，既要知识的“金子”，也要“点石成金”的“手指”。这样的学习内容，必然是丰富多彩、生动活泼、不断发展的知识体系，在重视结论性知识的同时，方法性知识也必定占有相当比重。

（5）从学习态度看，创新性学习以发展、批判的眼光审视一切知识，以追求真理的精神不断探究反映客观规律的真理，并且不断探究反映真理的客观规律，不盲目崇拜前人、权威，赞成孟子所说“尽信书不如无书”，以柏拉图“吾爱吾师，吾尤爱真理”的精神，敢于向前人、权威挑战，即使最后证明前人获得的真理性知识不可动摇，也将在批判、探究中获得对知识的深刻理解。

（6）从学习思维看，创新性学习不满足于形式逻辑思维，同时十分注重辩证逻辑思维、发散思维、创新思维，形成思维的开放性、求异性，既重视前人获得的结论性知识，又重视前人创新知识的思维路径和特点，如爱因斯坦所说，“发展独立思考和独立判断的一般能力，应当始终放在首位”。

这种在学习过程中进行的创新思维训练，不仅能极大地提高学习深度和质量，而且为以后工作中的创新和创造提供了锐利的思维武器。从学习方法看，创新性学习主张以探究式学习方法为主，提倡用探索和研究的方法进行学习，在学习中提高探索和研究的能力；认为探究式学习既有利于对前人知识的深刻掌握，更利于培养创新和创造能力。“发现法”学习的倡导者皮亚杰主张，“一切真理都要让学生自己获得，或者由他重新发明，至少由他重建，而不是简单地传递给他”

2. 创新学习能力的训练

大学生创新学习能力的形成，是在多种知识和能力发展的基础上发展起来的，是各种能力的综合反应。创新学习能力，旨在培养学生的创新学习精神、创新学习意识、创新学习思维、创新学习技巧和方法。创新学习就要求学习者在学习过程中，在创新意识的激励下，在对前人创造的文化知识进行认真学习，深入钻研，通过分析、综合、抽象、概括的思维加工，并透过表面现象认识其本质和内在联系的基础上，敢于破除迷信，勇于进行探索，勇于提出问题。

质疑是创新学习的起点。创新学习活动的过程，就是不断质疑而后释疑，不断探索，不断前进的过程。朱熹说：“读书无疑需教有疑。有疑者却要无疑，到这里方是长进。”a 他要求学生首先要勇于批判，不人云亦云，因循守旧则一事无成，只有具备批判精神，敢于冲破时弊，发挥独立思考，才能推陈出新。培养创新学习能力要善于继承。中华五千年文化，源远流长，我们需要继承人类的文化遗产，同时任何事物都是发展变化的，前人总结的思想认识与实践经验，往往受时间、条件与文化背景的局限，即便当时是正确具有新意的，可是随着历史的发展，就会出现“到了千年又觉陈”的现象。要精于发展，发展与创新是紧密联系的，不可分割的，邓小平指出“发展才是硬道理”，这里的发展已蕴含了创新的思想

（1）创新学习的特征

①在学习过程中体现学生的主体性

在传统的学习观中，更多的是强调教师的教，强调学生的接受，强调知识的注入。当然，教师的教和必要的接受学习在学生的学习过程中的地位是毋庸置疑的。但在创新学习中，我们更强调学生的主体性。美国心理学家的研究表明，创造性思维和自我概念存在高相关。自我认可、独立性、自主性、情绪坦率上高水

① 龚春燕．创新学习论纲[M]．北京：人民教育出版社，2005：150．

平的被试，同样也是高创造力者在创新学习的过程中，学生的主体性主要表现在：首先，学生有明确的目标意识，对自己所要达到的学习要求及其社会价值有所认识，并能主动规划和安排自己的学习。不同的学习者有不同的学习目标，目标一定要适合自己，不要太高也不要太低，不要太快也不要太慢。其次，学生有强烈的学习动机，主动参与学习活动并积极探索。学生的学习积极性是成功学习的基础。教师相对学生的学是外因，外因必须通过内因才能起作用。因此，从一定意义上说，主动学习就是创新学习的基础。最后，学生在学习过程中勇于质疑。知识源于问号，著名发明家保尔·麦克克里德说得好，唯一愚蠢的问题是不问问题。因此，学习者要敢于怀疑权威、怀疑书本，不满足于获得现成的答案或结果，对所学习的内容能独立思考，进行多向思维。

②在学习内容上突出方法性

创新型的学生有着较为系统的学习方法。20 世纪六七十年代以来，人们在强调学习方法的同时开始重视各种学习变量对学习方法的影响，把学习方法的选用置于更为广泛的学习情境中考察，转向研究各种学习变量、元认知与学习方法选用的关系。这样，就将学习方法的探索提高到了学习策略的水平。如果用战术与战略关系来比喻，学习方法属战术的范畴；而根据学习情境的特点和变化选用最适当的学习方法才是学习的策略，它属于战略的范畴。可见，学习方法由于种类多，又因情境而区别，故因人而异。这种差异就决定了学生有没有系统的学习方法，能否选用最为适当的学习方法，也决定着学生的创新程度。创新型的学生，在选择和运用学习方法时，往往遵循学习规律，明确学习任务，利用一切可以利用的学习条件，根据学习的情境、内容、目标及特点而灵活地应用在这一过程中，学习方法不断内化为学生的学习能力，进而学会创新，这是通过“反映抽象”的机制来实现的。学法的作用表现为加工处理知识信息，对学习的活动和过程进行调控，最终把客观状态的知识转换为主观状态的知识

③在学习组织形式上强调合作性

联合国教科文组织 21 世纪教育委员会的报告《学习财富蕴藏其中》一书中曾论述了教育的四大支柱，其中之一便是学会合作。善于交流合作和恪守集体纪律、乐群性强等品质必然成为新一代人的行为特征。因此，学习者要能主动适应群体或团队生活，为他人所接纳，与人友好相处。古罗马教育家昆体良始终强调

一个观点：“大家一起学习，可以互相激励，促进学习。”生活中的人虽然都以个体的方式存在，但任何单一个体的存在都必然地要以由他和其他个体所组成的群体为存在的基础和依托，任何个人的成就都要以得到他人的承认和肯定为前提。

（2）创新学习能力的结构

①好奇—创新意识的萌芽

黑格尔说过：“要是没有热情，世界上任何伟大事业都不会成功。”[a] 所有个人行为的动力，都要通过他的头脑，转变为他的愿望，才能使之付诸行动。如果一个学生仅仅记住了数学的各种定理与公式，而不能把学到的知识用于发现新问题，不能解决实际问题，只学习老师讲的知识，只记忆书本上的知识，是远远不够的。应在课堂上学到的知识的基础上，勇于探索，善于创新。那就是教师应在教学中引导和培养学生的好奇心理，这是唤起创新意识的起点和基础。

②兴趣——创新思维的营养

我国伟大的教育家孔子说：“知之者不如好之者，好之者不如乐之者。”可见，他特别强调兴趣的重要作用。兴趣是最好的老师，兴趣是感情的体现，是学生学习的内在因素。事实上，只有感兴趣，才能自觉地、主动地、竭尽全力去观察它、思考它、探究它，才能最大限度地发挥学生的主观能动性，容易在学习中产生新的联想，或进行知识的移植，做出新的比较，综合出新的成果。也就是说，强烈的兴趣是敢于冒险、敢于闯天下敢于参与竞争的支撑，是创新思维的营养。

③质疑——创新行为的举措

质疑即发现教学，是以智力多边互动为主的教与学相互作用的教学活动。质疑的指导思想是“以学生为中心”，多渠道地培养学生的创新能力，发挥学生的主体作用，让他们积极地参与学习的过程，做学习的主人，开启他们的创新思维的闸门。

④探索——创新学习的方法

直接式学习法就是根据创新的需要而选修知识，不搞烦琐的知识准备，与创新有用的就学，没有用的不学，直接进入创新之门。模仿学习法是指学生按照别人提供的模式样板进行模仿性学习，从而形成一定的品质、技能和行为习惯的学习方法。换句话说，就是从“学会”到“会学”。探源索隐学习法，学生为了积

① 宋雄．价值法则[M]．北京：中华工商联合出版社，2022：84．

极地掌握知识采用创新性的思维方式，对所接受的某项知识出处或源泉进行认真的探索和追溯，并经过分析、比较和求证，从而掌握知识的整个体系，探源索隐学习法对于激发自己提出问题大有益处。创新性阅读法，以发现新问题，提出新见解，从而能超越作者和读物，产生出创新思考获取新答案的阅读方法。创新性课堂学习法，通过老师的传授和指导，让学生获得系统的知识和形成一定的能力。同时，学习也可通过预习中对新知的自学和探求，以便上课时进入一种全新的精神状态，利用一切机会大胆发言，大胆“插嘴”，从而获得知识

大学生要加强自身创新学习能力的训练，做到以下 7 点：

第一，明确目标。创新学习能力的大学生要有明确学习目标，主动做好规划和安排，制订科学、合理的实施步骤，才不致遇难而退或事倍功半。

第二，自信与冒险精神。自信是创新的前提，它能激发思维，引起创新冲动和激情，战胜困难，战胜自己，体现自身的价值。自信会激励自己积极主动地观察、发现并提出问题，寻找解决问题的方法，自己得出结论，而不是被动地等待老师告诉解决问题的方法和结论。冒险意识会促使自己大胆发言，敢于说出真实想法，敢于提出与众不同的问题或设想，敢于对别人意见进行批评，敢于坚持自己的意见，对新问题敢于去尝试解决，而不是发言谨慎、畏缩，唯恐老师批评或同学讥笑。

第三，追求创新思维的新颖性。思维的角度、方法、路线要与众不同，不复制别人思路，也不重复自己，不去理睬过去的思想者如何思考，从多角度将思维的触角伸向各个方位，拓展思维空间，从尽可能多的方法中择优选用。在多向思维的视角转换中，加深理解，挖掘事物本质。

第四，保持创新学习的独立性。独立性能体现学生创新学习的主体地位。一个只知道记忆知识而不会独立学习与思考的人，永远不可能有突破性成就。要充分行使独立学习权利，独立观察、独立实验、独立思考，自行提出问题、研究问题、解决问题、获取结论。既满足动手、动脑需要，又满足探索的好奇心，真正体验学习成功的喜悦。

第五，敢于置疑。学习的本质就是“生疑一质疑一释疑”的过程，要批判性地学。南宋理学家朱熹说过：“读书无疑者，须教有疑。”因此，“疑”是学习的关键。只有疑，学习者才能积极思考，在不断生疑、质疑、释疑的过程中，才有创新。

创新离不开质疑、争论、批判、不从众、不迷信、敢冒险、敢挑战。要敢于向教师质疑，向书本质疑，向前人的结论挑战，提出自己独到的见解。要用求异思维审视周围的一切，大胆提出不足与存在的问题。有时提出问题比解决问题更重要。

第六，在实践中求知。对知识的理解，不能停留在概念、结论的表面，不能死记硬背，而是要将其用到实践中，在实践中加深理解，通过灵活运用而创新。要用探索知识的基本方法，通过观察、发现和提出问题，亲自试验、归纳推理而获得结论。

第七，积极的心理状态与协作精神。研究表明，积极的心理态度能极大地提高学习效率。挫折教育则会使学生找到改进的方法，总结成功的经验，磨炼顽强的毅力，养成良好心理素质。与他人合作是创新性学习成功的基本手段，只有树立协作精神，为完成共同任务而明确分工、互助学习、通力合作，才能促使事业成功。

二、创新实践能力的培养

（一）创新实践能力的内涵

实践是人类自觉自我的一切行为。人是社会的主体，个人的实践同社会有着密切的关系，人的实践具有社会性，人的实践是社会的实践。实践包括社会活动、历史活动、有目的的活动等。它是人类社会发展的普遍基础和动力，是客观过程的高级形式。实践能力就是在人遇到问题时，能运用自己所学到的知识，进行问题的分析和判断，包括利用已有的知识和经验来解决以前遇到过或者从书上学习过的一些情况，还包括遇到了陌生的情况，能综合地运用自己学过的方法，进行分析，查阅相关资料，并最终解决问题。

广义的大学生实践能力，是指高校大学生以科学文化知识为基础、载体，通过实践环节实现向各种能力的转化，是大学生各方面能力的展示和现实运用，是大学生整体能力的最终价值体现。具体而言，大学生实践能力是指大学生在科学研究、生产劳动、经营管理、文化生活等方面的实际工作中，将理论知识与实际活动相结合的动手、动脑综合能力。通常大学生的实践能力可分为一般实践能力、专业实践能力和综合实践能力。大学生一般实践能力是指所有大学生在日常学习、工作和生活中都应具备的实践能力，主要包括表达能力、适应环境能力、自学能力、人际交往能力、外语能力和计算机应用能力、组织管理能力。大学生专业实践能力是指大学生利用所学专业理论知识解决社会和专业领域实际问题的能力，大学生专业实践能力随着专业知识的拓展而不断丰富。大学生综合实践能力是指大学生运用在校期间已积累的丰富知识，通过自己不断地探索研究，在头脑中形成独创性的思维，独立地分析和解决现实生活中新问题、攻关新课题的创新能力。

创新实践就是在传统思维的基础上运用各种技法进行创新，在生活中去实践。创新实践包含两个部分：一部分是基于现实问题解决方案调整进行的创新，创新的难度较低，需要的信息整合能力较强；另一部分是基于现实问题解决方案并参照其他方面的知识进行的开创性创新，创新难度大，需要较好的信息整合能力和创造力。创新实践能力是指要具有能综合运用已有知识、信息、技能及方法提出新问题、新观点的思维能力以及进行发明创造、改革革新的意志、信心、勇气和智慧，具备在科学研究、生产劳动、经营管理及文化生活等方面的实际工作中，将理论知识、书本知识与工作实际相结合的动手与动脑能力。

目前，对加强我国大学生实践能力培养途径与方法的研究主要从转变教育理念、改变传统教学模式等方面提出。例如，从课堂教学活动、实践教学环节和课外实践活动 3 个角度来加强我国大学生实践能力培养。秉承“能力教育”理念，真正重视大学实践能力培养工作；确立“生本关怀”理念，激发大学生锻炼实践能力的自主性；充分发挥校内专业教学资源对大学生实践能力的培养作用；加强离校与用人单位的合作，构建校内外一体化实践教育体系和加大政府对大学生实践能力培养工作的政策支持。

国外一些高校对大学生实践能力的培养给予了高度关注，并积累了丰富而有效的实践经验。许多高校将社会服务作为学生的必须学习的科目，在一些特殊专业中，学生如果没有社会服务的记录就不能取得专业资格。一些国家的高校试图通过产学合作的方式，为大学生创建一个既稳定又贴近现实社会需求的实践平台，从而加快科技成果转化为生产力的过程。

（二）培养大学生创新实践能力的原则

1. 系统性原则

大学生创新实践能力的培养是一项系统工程。首先，必须确定培养目标，可侧重理论研究，也可侧重工程实践。然后，围绕这一目标，从多个侧面、不同角度、采取各种措施对学生进行创新实践能力培养。最后，应建立评价机制来考核培养效果。结合培养目标、培养措施以及培养评价，形成一个系统的、科学的创新实践能力的培养体系。

2. 主体性原则

大学生是创新实践活动的主体。在创新实践活动中，要充分发挥学生的主观能动性，尽可能地调动学生自身的创新需要，把需要变成动力，变成行动，让学生充分参与创新实践的各个环节。而教师作为指导者，只对学生的创新方案进行审查，提出完善意见，监督实验过程，考核最终结果

3. 普遍性原则

大学生创新实践活动不是精英活动。因此，应坚持大众性、普遍性原则，让尽可能多学生的创新实践能力得到培养、锻炼和提高。只有大多数学生的创新能力得到锻炼提高，才代表整个学校创新教育水平得到提高。应坚信每个大学生都具有创新的潜力，只要引导得当、方法得当，都可以开发出创新能力。

4. 个性化原则

每个学生的创新能力是有差异的。个性化教育就是承认人的个体差异，在教育中强调以人为本，注重发掘人的潜能，促进个性发展。因此，要坚持个性化原则，尊重学生的个性，鼓励和支持学生根据各自的特长、爱好以及专业特点，培养各自的创新意识和创新思想，形成具有各自特点的创新能力。

5. 激励性原则

以表扬、激励为原则，尽可能肯定学生在创新实践过程中的优点，从而让学生享受成功的乐趣，以此激发学生的创新欲望。学生在校期间参加各种创新实践活动，经过相关程序认定，获得相应的奖励学分，可认定为毕业学分，可免修部分相关课程，其成绩由指导教师直接给定；获得校级以上奖励的学生优先推荐免考研究生；获得高层次、高级别奖励的本科生可直接本硕连读。

（三）提升大学生创新实践能力的关键途径

1. 激发大学生创新动机

（1）提高对创新的认知水平

广义来说，创新是指个人的思维或者行为，对于与自身以往思维或行为的纵

向比较而言，具有突破性或新颖性即创新，是相对性的创新。狭义来说，创新是指个人的思维或行为，对于与社会已有现状的横向比较而言，如果具有突破性或新颖性即创新，是绝对性的创新。

（2）关爱并尊重好奇心、求知欲

好奇心和求知欲是一种认知需要，这种需要促使人们去探索，而探索本身就是一种创新活动。为了防止这种良好的求知欲和好奇心衰退，要做到经常接触新概念、新事物、新技术，保持好自己的怀疑和冒险精神，与同学讨论，向老师请教，力图从各个角度思考问题

（3）培养自己广泛的兴趣爱好

兴趣是建立在对于事物理解的基础之上，需要有一定的鉴赏能力和认知水平。因此，大学生应在日常生活中注意培养自己多方面的爱好，不断丰富自己的活动空间。通过博览群书，大学生可扩展自己的知识面，为对问题进行发散性理解打下基础。不仅如此，对于朝气蓬勃的大学生而言，还要特别注意培养自己对新生事物的敏锐度。

（4）激发成功动机

为自己设置具有挑战性的任务来激发成功动机是十分有效的。大学生应利用自己的成功心理多去接受新的事物，如参加一些课外的竞赛，把这样的任务当成考验自己的机会。在挑战性的任务激励下，人的注意力会高度集中，积极主动地探究思考，同时还伴随着肯定的良好情绪和坚强的意志。

（5）保持健康的心态

大学生要想培养自己的创新能力，就要注意克服急躁焦虑的情绪，保持愉快平和的心境。大部分创新都会遇到挫折，在这种情况下常会出现一些情绪上的反应，如急于求成、缺乏冷静、受到挫折后就丧失兴趣等。大学生应从理性的角度认识到，在积极追求成功创新的过程中，不可避免地会出现障碍和挫折，只要克服不良情绪，在逆境中努力，对挫折进行合理的内部归因和外部归因，冷静地总结教训，变挫折为走向成功的经验，以增强后续创新活动的动力。

2. 强化大学生创新素质

（1）树立正确的创新素质观

在创新实践教育的过程中，要从品行塑造、能力培养、知识传授全方位提升

大学生的创新素质，确立现代的人才评价观，树立科学的学生发展观。

（2）优化创新人才培养过程

创新实践教育过程的优化需要很多实体性措施。例如，优化课程体系，创新教学方式和教学手段，改革教学评价体系，以及推行现代教学管理制度等。

（3）加强创新人才培养资源保障

高校内部资源可分为人力资源和物质资源。高校人力资源的关键是教师，加强师资队伍建设，是创新人才培养成功的关键。物质资源主要是经费、设备、设施、场地等因素能影响创新人才培养的资源。物质资源的重点是教材，教材资料是学生获取知识的直接来源，是课程内容最主要最重要的信息媒体，是创新人才培养最直接的物质资源。要及时更新教材，采用先进的学习资料，开阔学生学术视野，及时了解掌握新知识、新技术。

（4）重塑大学生创业认知结构

大学生群体对创业的解读呈现出 3 种不同的阶梯状分布：第一种是有完整的创业认知结构，创业意识和能力均具备，但缺乏相关资源或其他，导致创业行为实施困难或无法实施；第二种是有创业认知结构但不完整具体，创业意识相对模糊，对自己的创业能力界定不清，创业行为考虑过但很快就打消念头，整体对创业呈现不确定的状态；第三种属于完全无创业行为者，他们心中或对自己不肯定，或一心钻研其他事物。根据 3 种不同的分布，高校应因材施教，扬长避短，充分发挥各自的优势。对第一种，要支持具创业意识者理性创业，要引导其树立创新创业意识，培育创新创业精神，构建符合个人独特气质的胜任力模型；对第二种，要有意识地引导创业意识，通过在创业大环境下的熏陶中，激发创业的积极性和主动性，同时加大其在个人特质方面和专业技能方面的培训，为后续的创业行为做好铺垫；对第三种，引导无创业意识者正确就业，结合自身情况以更为积极的就业态度进行自主择业，积极就业。在进行正规就业与非正规就业的抉择时，要客观分析，理性判断。

第五章　大学生创新能力培养现状与策略

本章为大学生创新能力培养现状与策略，主要从大学生创新能力培养存在的问题、大学生创新能力培养的影响因素、大学生创新能力培养的策略三个方面进行了论述。

第一节　大学生创新能力培养存在的问题

大学生创新能力的培养是一项多方面、多层次的复杂工程，是高校创新教育的核心。下面结合我国大学生的具体情况，从多个方面探讨制约大学生创新能力培养的问题，并提出了针对性的解决方案，以便高校能更好地培养大学生的创新能力。

一、大学生创新思维能力存在的问题

大学生的创新能力核心在于他们的创新思维能力。因此，我们需要分析构成大学生创新思维能力的三个要素：知识、非逻辑思维能力和逻辑思维能力，笔者发现我国大学生创新能力培养方面存在的问题，因此提供一些有针对性的理论指导和培养方案，以帮助大学生开发其创新能力，更好地面对未来的挑战。

（一）大学生的知识相对较多，思维能力相对较弱

通常情况下，大学生掌握得比较丰富的是一般知识和专业知识，但整合、处理知识及综合运用知识的能力还相对较低。高中阶段能够正常毕业就已经获得了必备的基础知识，足以适应社会。经过大学阶段的专业学习，一个合格的大学生还应该具备足够的一般和专业知识来适应社会实践。很多人存在一个误区，在学习和掌握知识的过程中，总是以某位成功人士所掌握的知识作为自己和他人的标准。这很容易让人感到挫败，并且会成为一种懒于创新的借口。实际上，即使历

史上的知名成功者，在学生阶段与他成功时或之后相比，所具备的知识能力必然也会有很大差距，因为每个人的知识都是慢慢积累形成的。不少人常常误以为想获得像牛顿、爱因斯坦那样获得杰出成就，就必须在自己年轻时就到达他们成熟时的知识量，这显然是不现实的。这种片面的观念，导致许多教师和学生对学习错误地等同于增加知识量，只关注知识内容的传递和接收，这种错误的教育导向的结果就是虽然掌握了大量知识，然而却不知如何运用。所培养出来的只能是知识渊博但没有智慧的人。现今的大学生主要存在的问题并不是他们的知识储备不足，而是他们在运用知识时的能力不足，即思维能力不足。

（二）大学生普遍缺乏想象力

应试教育的主要特征是依赖死记硬背和大量练习题的方法，这种教育方式导致很多人缺乏创造性思维和其他非逻辑思维能力。此外，在大学期间，大学生的左脑进入的成熟阶段，学生更倾向使用左脑，抽象和逻辑思维能力相应地得到了提高。右脑的使用相对变少，包括想象力在内的非逻辑思维能力下降。随着时间的推移，大学生的经历不断增多，形成了惯性思维，同时，人际关系和社会关系等也会束缚他们的内心，这进一步导致了想象能力弱化。因此，当遇到问题时，他们往往会忽视想象这一角度。另一个原因是缺乏自信。当一个人对于应对某件事没有足够的自信或本身就缺乏自信时，也会导致想象力受到极大的限制。

（三）大学生的逻辑思维能力有待进一步提高

虽然大学期间左脑逐渐成熟，使得大学生的抽象思维和逻辑思维能力得到了提升，但由于逻辑思维能力需要通过系统的训练来提高，因此大学生的逻辑思维能力并未得到完全的发展。

（四）大学生的非智力因素有待进一步优化

在生理上基本成熟的大学生，正经历着人生的黄金时期。通常情况下，大学生心怀壮志，富有进取精神。然而大学生的心理发展尚未成熟，许多大学生缺乏学习动力或者动机错误，没有足够的学习热性，对很对事物感兴趣，但是没有正确的兴趣中心定位。另外一些大学生情绪波动较大，敏感、脆弱、软弱，缺乏自制力和自觉性。就性格而言，许多大学生难以顺利进行人际交往，没有足够的自信，难以适应环境，缺乏团队精神和责任感，同时也缺乏诚信。

二、大学生创新能力培养中的自身主观问题

大学生缺乏创新能力培养的一个障碍就是传统的标准化思维。这种思维模式让他们缺乏多元化的思考，难以从不同的角度看问题。学生从高考到考研，从中学到大学，被灌输了大量“标准”，思维变得僵化，思想趋同，想象力受到禁锢，进而趋于枯竭，丧失创造力。

思维标准化会损害学生的思维能力。①功能固着，对于某事物的功能的认识变得单一、固化，从而难以转换思路和灵活解决问题。②权威迷信，对于所学的知识毫无质疑，盲目接受，缺乏批判思维，思想固化且难以自由发展。③思维惰性。不愿意对知识作出独立思考，教师怎么教自己就怎么学。

随着知识和经验不断增长，大学生的逻辑思维能力明显强化，思维变得更加敏捷。然而，在整合不同学科知识方面仍有较大的欠缺，通常只能在既定范围内思考，缺乏拓展思维和发散思维、逆向思维。

（一）大学生在创新能力培养中的反面主观思想

大学生作为培养创新能力的核心对象，其心理因素以及对这种能力的认识水平、态度和努力状态是创新能力形成的内在因素，对于创新能力培养情况和水平有着重要的影响。

1. 大学生怀有从众心理，盲目尊崇权威

一些学生过分尊崇权威，在学习过程中，往往习惯于盲目接受教材和老师的观点，思想僵化。这种潜意识会阻碍新观点和创新想法的涌现，甚至扼杀掉它们的发展。

2. 大学生缺乏创新的毅力和兴趣

目前，尽管大学生在创新实践中已经意识到毅力的重要性，但在实际工作中更希望在短时间就能够所有进展。如果尝试失败或需要长时间投入，就可能会失去兴趣，望而却步。目前大学生在涉猎兴趣领域的广度、深度和可持续性方面都存在一定的不足。

（二）大学生应采取的措施

每个人都具备创新的能力，时时刻刻都有机会进行创新，每一个地方都可以是创新的场地。每个人都有创新潜力，而实现创新所需要的方法和路径，都可以被指明和实践。获得了正确的指引和方法，每个人都能够成为具备创新能力的人才。

1. 克服创新心理障碍，培养创新意识

大学生应当努力克服创新心态障碍。第一，需要摆脱内心的不自信。缺乏自信的人总是自我怀疑，不相信自己能够成功，不断压抑自己的优秀潜质。在创新领域中，如果总是畏缩不前，认为自己没有创新能力，久而久之会成为一个只会听指令做任务的“机器人”。第二，需要认真面对失败。在探索创新时，我们需要克服害怕失败的心态，因为失败也通往成功的道路。多次失败也会最终成功，这是创新发明的常规法则。发明家爱迪生在灯丝发明上失败了500次，但他自己看来却是，成功地寻找到了500种不适合作为灯丝的材料。换句话说，他从每次尝试中学到了有价值的经验教训。爱迪生的创造力得以充分发挥，部分源于他正确对待失败的态度。我们应该相信真理，但不能无条件地追随权威。当面临问题时，需要灵活思考，并勇敢挑战既有的思维模式。大学生应该积极发展自己的创新意识，特别是要关注以下几个方面：首先，要着重培养强烈的创新动力。对于创新意识和能力的形成和发展而言，浓厚的创新渴望是内在动力，没有这种渴望，就会不作出创新行为。其次，应当坚定成功信念。信念是一种内在力量，是事业成功的根本，它也是成功思维的基石。最后，需要具有坚韧不拔的创新意志。它是人类意识活动的一种积极的、能够带来成果的表现形式，正是创新意志催发了人们的创新行为，是创造性思维和创造力形成的先决条件。纵观前人的经验，创新探索是存在很多挫折的，这需要坚韧意志。

2. 用知识武装自己，为创新奠定知识基础

对于创新而言，深厚而牢固的专业理论知识是先决条件和基石，广泛而深厚的专业理论知识和创新能力是相互关联、相辅相成的，所具备的专业理论知识越多，就越能够增强自己的创新能力。通常情况下，在丰富、深厚的知识储备下，能够开发思路，在更大的视角上分析问题，发现问题间的联系，更容易受到启发，获得创新成果。如果没有一定的知识储备，创新能力提升就像空中楼阁，只是个

幻想。因此，在大学阶段，必须努力学习专业领域的理论知识，巩固基础，锤炼自身素养。此外，还可以积极利用图书馆等资源，广泛阅读相关书籍，以此拓宽个人的知识领域和视野。学生还可以跨校、跨系、跨学科选修课程，这可以丰富和优化知识体系，也可以培养个人兴趣和爱好。

3. 落实创新实践，主动参与实践活动

通常情况下，社会实践活动是在相对自由的场所展开的，需要应对流动变化的对象。参与各种社会实践活动能够发挥学生的基本素质和潜能，增强其协作意识和组织能力，对其创新创造形成启发，从而作出创造性的行为。因此，高校学生应该积极参与社会实践活动。同时，也不能忽视实验课的作用，这能够有效发展学生的动手能力，使学生在动手的同时动脑，在实践中发展分析和解决问题的能力，在具体实验中萌发新的思路、灵感，并且这些新思路、新灵感也能够在实验中得到验证，实现理论与实践结合。

三、创新能力培养中高校教师应注意的问题

托兰斯研究指出，学生的创造力与教师的创造性有联系，并且这种联系是正相关的，因此可以说，在学生创新能力培养中，要重视教师的创造性。要让学生具备创新能力，教师也应当具备创新意识和能力。在教师以自己的创新性引导学生的时候，其教育观、知识结构、个性特点和教学艺术等因素都有重要影响。

（一）我国高校教师不足之处

1. 教师自身创新意识不强

很多教师只在意知识的传递，对“上好课”的认识止步于学生能在课堂上准确掌握教科书中的知识，而没有启发和辅导学生运用批判性思维去评估、理解教材内容。在教学过程中，教师常常扮演主导、支配的角色，习惯于单方面地传授知识，忽视了激发学生的主动性和创造力，而这恰恰是创新人才培养的核心问题所在。

2. 教师自身的能力素质难以适应创新教育的要求

要实现对学生创新能力的良好培养，就必须进行教育创新，开展教育创新，教师就必须要在知识和能力上满足其高要求。教师需要掌握广博、全面的知识，

并且需要关注学科前沿，对新知识进行掌握，还需钻研专业在学科专业上达到较高的水平。在创新方面，教师需要具备必要的创造性素养和实践能力。然而，如今部分教师面对教育创新比较抗拒，不愿为此付出努力去提升自己。因此，在培养学生创新能力的同时，需要提高教师的创新能力。

（二）教师应采取的措施

只有具备创新素质的教师，才能引导学生养成创新思维，提升创新能力。根据研究，教师的创造性越强，所教授培养的学生在创新能力上也就越突出。所以，需要着重培养教师的创新意识，使他们以自身创新意识、创新思维和创新能力等因素来引导、刺激学生形成和发展创新能力。

1. 转变教育思想观念，树立创新教育理念

为培养学生的创新能力，教师需要转变教育观念，形成创新教育思想，这作为先导和前提条件。在创新能力培养中发挥着重要作用。教师在教学中，必须摆脱传统和惯性思维的禁锢，对教育教学改革进行持续深化，在教育理念上作出改变：将学生从被动地接受知识的角色转变为积极地构建知识结构的主体；将教师从单方面的知识灌输者转变为教学过程的组织者、引导者和研究者；将教学从以知识传授为主转变为以学生发展为主。

2. 引进现代教学方式和方法

教师应该避免只是简单地为学生灌输知识，而要采用现代化的教学方式和方法，例如，“问题教学法”“研究教学法”和“讨论教学法”，以培养学生自主学习能力和创新思维发展。随着信息技术的飞速发展，我们需要重视使用网络教学和多媒体教学方法，以满足当今人才培养对教育技术的需求。

3. 坚持以学生为本和个性发展

教育应该以学生为中心，重视他们在性格、兴趣、爱好、才能和特长等方面的个性，需要因材施教。独特的个性是创新不可或缺的元素，在创新过程中发挥着重要作用。教师应该致力于构建一个适合各学生个性化学习的知识环境，以学生潜能开发和个性发展为基本出发点，必须为学生的合法兴趣和爱好提供适当的指导和支持，尤其是要鼓励那些具有特殊才能的学生。教师需要研究教学规律，这些规律能够面向大多数学生提供因材施教的教育，从而让每个学生的个性能够

在他们的天赋允许的情况下得到充分发展。教师应当根据学生的能力、个性和兴趣，对教材和课程进行多样化设计，打破固有的机械的教学管理方式，采用更加灵活的教育模式，以满足学生日益增长的个性化学习需求，让教育更加独具特色和个性。

4. 营造民主、和谐的教学情景

每所学校都应该珍视并培养学生的学习兴趣和求知欲，帮助他们自主学习、独立思考，也要保护他们的探究和创造精神，建立一个宣扬真知、追求真理的氛围，创造良好的环境，让学生充分发挥自己的天赋和潜力。显然，要将学生的创造性潜力转化为实际的创造力，就需要关注氛围的创设。教师应该实践民主教学，并实现与学生心理上的相互理解与兼容。民主教学体现在热情关怀学生、师生情感相融、亲密无间的关系当中。教师应该对学生保持严格要求，同时也要尊重、耐心、热情地辅导和培养他们。尽管教师在课程教学方面起着主导作用，但也应该充分发挥学生的主体作用。此外，教师还应该鼓励学生敢于提出问题，发表自己的看法，从而激发他们的学习兴趣。

第二节　制约大学生创新能力培养的影响因素

作为培养人才和促进知识创新的重要场所，高校具备重要的创新型人才培养职责。提高大学生的创新能力，是我国高等教育改革的核心目标之一，也是建设创新型国家的重要战略。尽管创新教育的实施取得了一些进展，但是我国高等教育在培养创新能力方面仍存在许多制约因素和不足之处。因此，研究限制大学生创新能力培养的要素，探索促进高校培养创新型人才的手段，对于高校加强创新型人才培养有着实际的引导作用。

创新能力指的是人们运用已有知识和理论，不断产生新认识、构思新思路及创造新事物的能力。要提高大学生的创新能力，需要开展积极培训，但实现这一目标所需克服的各种因素也是很多的。唯物辩证法认为，事物的运动和发展的动力来自事物内部的因素。相比之下，事物的外部原因只是影响和促进事物发展的第二位因素。内在因素是促成变化的根本原因，而外在因素则是变化发生的条件，这些条件通过内在因素来产生影响。因而，我们可以将制约大学生创新能力的因素归为两类：内在因素（个体自身的因素）和外在因素（环境因素）。

一、制约大学生创新能力的内部因素

在培养创新能力方面，大学生扮演着主体的角色，而限制其创新能力培养的内部因素则是指来自其本身的对创新能力培养存在影响的因素。大学生的创新能力主要由其知识结构、能力体系、意识观念及行为习惯等多方面因素共同决定，这些因素也是决定大学生创新能力提升水平的关键因素。大学生创新能力培养的内部因素主要涉及他们的知识结构因素、心理因素以及思维方式因素。

（一）知识结构因素

知识结构是指一个人通过专业学习和培训所掌握的知识体系的搭建和组合情况。在当今社会，大学生的创新能力的关键在于他们是否具备合理的知识框架。只有拥有合理的知识框架，才能够胜任现代社会的职业角色，才能为人才培养和创新能力的形成提供坚实基础。

1．大学生知识结构现状分析

人类通过实践认识和改造客观世界，在此过程中总结和概括的经验和认识就是知识，这包括通过直接和间接经验及所获得的感性认识和理性认识。人类的知识是由多个方面组成的，而非单一的。这种复合系统由多个知识要素组成，也就是人类的知识结构。当大学生的知识面更广时，他们的知识体系就会更完备，并且不同领域之间的知识会更有机地结合在一起，这种融合有助于提高他们对于创新的洞察力。因此，大学生不仅应当在学校学习和积累知识，还要深入思考和理解所学知识，并能够熟练地应用知识，创新和探索新的领域。

因此，观察目前高校培养学生的情况，我们可以看到大学生在知识结构方面存在明显问题，主要表现在以下几个方面：知识单一，不能灵活地应用所学知识；理论知识常被漠视或混淆，缺乏方法论知识；大学生所掌握的知识体系内部各知识间没有形成紧密的联系，因此难以有效融合；知识相互补充的效果并不显著。

2．大学生合理知识结构的组成

一个人的能力强弱，除了要看他掌握的知识量多少，更要看是他的知识结构的合理性。现在亟顺开展的是对大学生的知识结构进行优化，只有做好这一点，才能满足知识全球化对人才培养的要求。要评估大学生的知识结构是否合理，需要考虑他们所掌握知识的质和量两个方面。

对知识进行量化分析，就要从点和面两个角度出发，点指的是在自身的学科领域所掌握的专业知识的深度，面则是对专业外的相关学科知识的涉猎程度。简言之，点代表的是深度，面代表的是广度。总之，对于大学生而言，他们的合理知识结构应当包含以下四类知识：第一类为基础知识，其应当扎实可靠。没有扎实宽厚的基础知识，个人的知识体系将缺乏根基，无法跟上高科技的迅猛发展。只有通过建立稳固的基础知识，个人才能够保证自身发展后劲的持久与稳定。第二类为精深的专业知识，这是实现知识创造性应用的关键媒介。要使大学生的知识结构更合理，必须在获得知识的过程中注重专业知识的深入和相关学科知识的涉猎，并实现两者的有机融合。第三类实用性强的方法性知识。人的知识结构中，方法性知识可以起到各类知识相互联系和灵活应用的作用，就像润滑剂一样。第四类有效的应用性知识。除了了解“是什么”的概念，一个真正的人才还需掌握“如何实现”的知识。因此，只有那些对社会实践有实际用处、具有科学进步性的知识才能构成具有进步性的知识体系。要形成一个合理的知识结构，需要注重知识量的合理性和质的进步性两方面的有机结合。

对于大学生而言，建立合理的知识结构对于促进其素质的全面提高具有极大的帮助。更为重要的是，这种知识结构还有助于塑造大学生的内在品格，实现包括价值观念、气质素养和文化修养等方面的提升。这有助于培养大学生的自主思考和创造能力，培养有创新意识的优秀人才。

（二）心理因素

创新能力是创新主体处于一定的目的作出创新行为的过程中呈现的积极的心理取向。心理因素直接制约着人的认识过程，创新的心理因素是创新能力培养的动力与保障系统。而体现创新能力的心理因素可分为两大部分：一是智力因素，即直接参与个体对认识对象的了解和掌握程度，包括观察力、记忆力、分析和理解力等；二是非智力因素，主要是对认识活动具有启动、定向、维持、强化和调节的作用，包括意识（兴趣、动机）、情感和意志等。

1. 大学生的智力因素

（1）观察力和记忆力

在创造素质形成中，观察力是必不可少的，其主要借助实践活动在养成，可以在训练中实现强化。开展多种观察活动，大学生能够逐渐形成对某事物的兴趣，并逐渐掌握科学的观察技巧，从而养成良好的观察习惯，因此，观察力是提高大学生创新能力的基础。较为优异的记忆力是提升创新能力的关键因素，运用科学记忆技巧可事半功倍。

（2）分析和理解能力

基于认知心理学理论，在认知过程中，分析和理解能力是至关重要的环节，是其中较为高级的阶段。人们若具备分析和理解能力，就能够将事物整体拆解成各个部分，并确定它们之间的相互关系，以此发现事物的本质规律。因而，若无法分析事物现象，便难以理解事物的本质联系，更加难以揭示出事物的本质。只有深入挖掘事物之间的联系和本质，才能找到能够激发创新热情并找到创新行为的入手点，并进而实现成功的创新。

2.非智力因素与创新能力

（1）大学生的创新意识

所有的创新活动都是人类为了达成某种目的而进行的，这种行为存在有目的性、方向性以及能动性，并且核心是思维，其所受到的内在驱动就叫作意识。创新意识是个人具备的能够推动改变和创新，并能够获得创造性成果的积极意识，它是源于个体内在对现状进行改变的想法而催化形成的创新动机，表现出创新意向的一种心理潜能。所以，创新除了涉及对知识进行吸取、改造和利用，以及发明新技术之外，还是一种发现问题并对其进行积极探索的心理取向。

创新意识会促使人形成深入了解世界，追求知识的渴望，从而激发和应用自己的潜能，去进行创新活动。现在的一些大学生是知足常乐和安于现状的，这在逐渐抑制、扼杀他们的求新求变的精神。大学生创新能力的心理限制表现为从众心理和遵从心理。

①从众心理，也就是一种“求稳趋同”的心理积淀。展开来说，就是，在难以辨别集体思想或者在压力环境下不坚持自己的观点，从而选择与大多数人一样持有相同的意见。因此，从众心理泯灭了个体的独立性，扼杀了个体思考和选择的主动性，成为制约创新能力培养的首要因素。

②遵从心理，即“长幼尊卑”的思想：自古以来，尊师重教、长幼尊卑是中华民族的传统美德。我国大学生受儒家文化的洗礼，强调服从、谦和、一致。学

生对教师讲授的知识大多全盘接受，深信不疑。家长从小就教育学生要听话，学校强调学生的思想与行为的统一，社会希望学生安分守己。服从成了做人的基本准则，因而缺乏一种创造的内在冲动。在这样的成长过程中，大学生缺乏个性，应有的创造精神、批判精神与独立活跃的人格也被忽视了，学生逐渐失去了质疑权威的信心和勇气。学生的自主思维和创造潜质得不到有效发挥，不利于激发大学生的创新潜能，既影响创新意识的培养，也影响创新情感的激发。因此，这种“遵从”心里也是禁锢大学生创新意识产生与发展的重要因素。

大学生要培养积极的心理状态，才能排除内外困难的干扰，坚定信心，稳定情绪，不断强化创新活动的动机和需要，激发创新的热情。为此，高校教育需要调整思路，不断尝试改革大学生培养模式，尽可能地激发大学生对创新的兴趣，更多地挖掘出大学生自身的潜在能力和价值，从而提高大学生的创新能力。

（2）大学生的创新情感

创新的过程主要依赖于认识活动，但这种认识活动需要情感过程的参与。因为人类的创新活动不可能都是生动有趣的，有时非常枯燥乏味，而长期从事这种单调的脑力活动会降低大脑皮层的感受性和兴奋性，从而对于创新的效率产生阻碍。将丰富的情感参与到创新活动中，会使其富有生机和活力，充满感情色彩，成为人类的一种精神享受。

由于大学阶段既是学生知识与能力发展的时期，也是学生情感成长的重要时期，因此在这一阶段，大学生容易出现很多情感障碍，其中制约大学生创新能力发展的情感因素主要体现在以自我为中心、缺乏创新的勇气和不会自我调节。

①以自我为中心：这种过度的以自我为中心会导致学生难以接受别人的观点和建议，甚至排斥他人，养成了目光短浅、心胸狭窄的人格，最终使其创新能力受到极大的摧残，所以对于大学生创新能力的培养与开发，学生的自恋情结成为重要的障碍因素。

②缺乏创新的勇气：在我国封建社会统治时期，人们受到政治与思想的管制，纷纷远离矛盾，强调和谐，害怕受到打击，知识分子的处世哲学是“明哲保身”。而创新精神最怕的就是这种思想，因为创新的核心是矛盾，创新的本质是突破，即突破旧的思维定式和旧的常规戒律，不断探索和试验。然而，这种“明哲保身”的处世哲学使大学生缺乏创新的勇气，不利于创新精神的形成和发展。

③不会自我调节：当大学生在创新活动过程中遇到挫折与失败时不懂得自我调节，不知道适时调节自己紧绷的神经，不会自我放松紧张的情绪。然而如果带着这些低落的情绪开展创新活动，反而会增加失败的概率，形成恶性循环。当前我国大学生多是从小被家长庞大的，这样的环境下成长起来的大学生在遇到问题时多数表现为手足无措，自我调节能力差，严重阻碍了创新能力的培养。

（3）大学生的创新意志

意志是人们为了达到自己预想的目的而为之努力的一种心理状态，是人类能动性的一种体现。大学阶段是学生各种意志品质迅速发展成熟的时期，意志品质的养成对于大学生创新能力的发展具有促进作用。然而，当前我国的大学生存在着行动缺乏目标、做事缺乏毅力、做决定优柔寡断等问题。

①行动缺乏目标：目的性是影响创新活动成功与否的首要因素，即在活动前，需要制订明确的目标，否则就很难清晰地了解自己想要做的事情。如果没有明确的活动对象，会大大降低创新活动的成功率。很多创造家都不是没有目的性的盲目创造，相反，首先他们制订了明确的人生目标，然后为了达到这一人生目标制订计划、努力奋斗，最终取得了成功。大学生属于思维还没有发展成熟的成年人，能够独立开展创新活动，但是他们的创新活动大多缺乏准确的目标，对于要达到怎样的成果非常茫然。

②做事缺乏毅力：创新活动不可能是一帆风顺的，创新道路是艰辛、曲折、漫长的。因此，只有具有坚持不懈的精神，才能跨越重重障碍取得最终的成功。几乎所有有成就的科学家都具有百折不挠的精神，因为凡是有价值的成就，在面对各种挫折的时候，都需要毅力和勇气。实际上，纵观历史，创新过程中的失败都是远多于成功的，创新者大都是依靠着坚持不懈的顽强毅力，最终获得成功的。有些学生也认识到毅力在创新能力中的重要性，但在实际行动中却往往是虎头蛇尾，缺乏坚持，遇到一点困难，就放弃了对创新的追求。

③做决定优柔寡断：果断是创造者在创新活动中不可缺少的优秀品质之一，而与其相对应的就是做事优柔寡断。《吴子·治兵》中说：“用兵之害，犹豫最大；三军之灾，生于狐疑。”优柔寡断不仅是兵家大忌，同时也是创新活动中的大忌。在创新活动中，当需要对方法和目标等问题作出决策时，如果优柔寡断、徘徊不定就可能会丧失最佳时机，因此创新活动需要具有果断决策的魄力。不论在多么

复杂的情况下，都能够保持头脑清醒、思路清晰，从而果断地作出决定，积极采取行动，把握住宝贵的创新时机。

总之，在创新的道路上，很多非智力因素在影响着最终的结果。一个人的智商并不是取得成功的关键，如果一个智商很高的人具有依赖性强、性格脆弱及做事情缺乏毅力等问题，也很难成为具有较强创新能力的人。人类在社会生活中要承受各种各样的压力，创新的过程面临着更大更多的艰难险阻，因此创新的过程需要个体充满自信与热情，目标明确，不畏惧困难，锐意进取，锲而不舍。大学生只有拥有这些积极向上的非智力品质，才能更好地培养创新能力。

（三）学习能力

大学生的主要活动是学习，学习在大学生创新能力的培养中具有独特的作用，是促进大学生创新能力发展的重要手段。然而，多数大学生的学习目标不明确、学习方式不正确、学习动机存在问题严重，阻碍了创新能力的培养。

1. 学习目标具有片面性

多数大学生将知识作为学习的唯一目标。其实，学习不仅仅是为了获取知识，更是提高自身素质、开发生命潜能、实现自我价值的重要途径。只有在学习知识的基础上，不断完善个人品质、陶冶情操、提高个人能力，才能使大学生获得全面发展，成长为健康、活泼、有意义的生命个体。

2. 学习方式存在单一性

目前，学生在教育活动中主要处于被动地位，学习方式是接受式学习，而且以课堂学习为主，个人自学为辅。通过这种接受学习为主的学习方式，尽管可以使大学生学习并继承已有的知识，从中获得经验，但严重阻碍了自身创新能力的形成与发展。这样单一性的学习方式不利于大学生培养学习的主动性、独立性和创造性，妨碍了大学生创新能力的培养。

3. 学习动机具有功利化

我国上千年的科举制度，虽然在特定历史时期发挥着重要作用，但长期以来形成的“学校—考试—就业”的理念，使学生认为读书不是为了追求科学，而是为了升官发财，即自古形成的“学而优则仕”的学习观，限制了大学生创新精神的形成，不利于创新人才的培养。

当今大学生学习最主要的动机也类似于“学而优则仕”，学习多数都是为了个人利益，想将来有一个稳定的好工作、出人头地、在某方面有所建树等。因此，学习动机存在外在化和功利性也影响了大学生的价值观，养成了浮躁的学习心态，妨碍了创新能力的发展。

（四）思维方式

创新活动是经过创新思维的过程实现的，所谓创新思维是指打破原有的思维模式，具有主动性、独立性和行为价值的思维活动方式。因此，创新思维是创新能力的前提和核心，要培养大学生的创新能力，必须使其学会如何运用创新思维。

1. 传统思维方式

中国传统的思维方式是制约大学生创新能力培养的痼病，表现为重整体、求和谐、折中和矛盾等特点，在理论探索中缺乏一种严格的逻辑推理过程。传统的教育方式注重知识灌输，以考试为手段，以高分为目标，自觉或不自觉地制造同一种思维模式下的思维统一，习惯让学生去寻求“唯一正确”的答案，而不是让学生探索存在多种答案的可能性。在这种固定化的思维模式下，学生不再努力寻求不同，思维缺乏灵活性和独创性，这种趋同、求统一的思维方式对批判意识的培养是一大束缚，导致学生思想的僵化和禁锢，不利于大学生创新能力的培养。

此外，传统的思维方式容易使学生形成经验性思维和内向性思维。法国生物学家贝尔纳说：“妨碍人们学习的最大障碍，并不是未知的东西，而是已知的东西。”在长期的思维实践中，每个人都会形成自己惯用的格式化的思维模式，即经验性思维，在面临现实问题时，习惯性按照特定的思维模式进行思考。学生的经验性思维表现为对于所学知识只知其然而不知其所以然，缺乏进一步的理性思考及理论上的提炼和升华，凡事诉诸感观经验的思维方式，长此以往不利于学生形成严密的逻辑思维体系。

2. 创新思维方式

创新思维是人的创新能力形成的核心与关键，创新思维的一般规律是：先发散而后集中，最后解决问题。发散性思维和系统思维也属于创新思维。培养创造性思维，就是培养发散性思维和系统性思维。对一种科学理论、一次科学实验或一个工程设计，不仅要有求同思维，更要大力倡导求异思维和逆向思维，让学生的想象力不受已有知识的禁锢。从某种程度上说，开发大学生的创新思维要比其自身的知识积淀更重要，知识可以随着个人的成长而不断积累、逐步丰富，而潜质却随年龄的增长而减退。因此，在培养大学生创新能力的过程中，应最大限度地激发其潜在的求索创新的独立性和创造性。

二、制约大学生创新能力的外部因素

制约大学生创新能力培养的外部因素是指来自客观外界环境对大学生创新能力培养的影响因素。人类的生存离不开环境，创新能力的培养与形成也离不开所处的环境。这里提到的环境，不仅是人类赖以生存的自然环境，也包括能够对个体产生影响的所有外部条件的总和。环境是影响创新能力培养与发展的重要外部因素，环境的好坏直接影响一个国家创新能力发展速度的快慢。影响大学生创新能力发展的外部因素主要包括社会环境、学校环境和家庭环境。

（一）社会环境因素

社会环境是指人类生存及活动范围内的社会物质和精神条件的总和，对人类的形成和发展进化具有重要作用。社会环境对创新思维的作用占据着主导地位，是决定创新思维存在的基本条件。目前众多学者的研究比较一致，认为对于创新思维必要和有利的条件包括：具备一定的物质生活基础，科学文化的普及，开放、多样性的社会环境，等等。由此可见，宏观的社会环境指的是创新思维赖以存在和发展的各种社会政治、经济和文化环境条件。

1. 政治环境对创新能力发展的影响

一个人的成长从出生的那一刻开始，就与其所处的社会环境密不可分，创新能力的发展同样也离不开所处的社会环境。不同性质的社会环境对于人的成长所产生的影响是不同的，不同的国家、不同的民族培养出来的个体都各有特点。由此可见，社会环境影响着人脑的发育、认识的发展及智力的发展。

社会环境中的社会制度是影响创新能力形成和发展的重要因素。在先进的社会制度下，统治者会认识到大力培养人才是维持国家统一及发展经济的必要手段。在唐代贞观时期，封建社会发展到了一个鼎盛时期，唐太宗重视发现、重用人才，他说："为政之要，惟在得人"，同时他也勇于纳谏，召见大臣，询问民间疾苦。也正是在这样的社会环境下，魏徵、杜如晦等人才得以施展自己的才华，为国家所用，作出杰出贡献。反观在腐朽的社会制度下，社会混乱不堪，不能为创新的发展提供一个稳定的社会环境，不利于创新人才的培养与发展。

2．经济环境对创新能力发展的影响

人类的经济发展历史可划分为3种经济时代：农业经济时代、工业经济时代和知识经济时代。

（1）农业经济时代

农业经济持续了几千年。在这一经济时代，人们采用的是原始技术，使用的是犁、锄、刀、斧等手工生产工具和马车、木船等交通运输工具，主要从事的是第一生产——农业，辅以手工业。在这几千年中，尽管科学技术有所发展，生产工具不断改进，但在工业革命之前，这种生产格局没有改变。这时的劳动生产率主要取决于劳动者的体力，总体看来人的智力方面的差别不太大。由此可见，农业经济时代的特点是社会生产力发展水平低下，社会分工较简单，主要以从事体力劳动和简单劳动为主，对人的文化素质等要求不高，人们的创新积极性页无法被激发。人类的创新发展也就受到制约。

（2）工业经济时代

在世界范围内，工业经济时代是从18世纪60年代开始的。在这一阶段，工业技术相对复杂，生产过程要求精益求精，需要大量有文化的熟练工人和工程技术人员。因此，工业经济时代对人的素质要求表现在动手能力强，会熟练操作的技术人才，而对创新开发要求不高。然而，相比同期其他国家的工业经济发展，中国存在着很大的差距，想要在短期内快速缩短距离，必须提高劳动生产率，而提高的关键在于技术创新。

（3）知识经济时代

知识经济也称智能经济，是指建立在知识和信息的生产、分配和使用基础上的经济，是和农业经济、工业经济相对应的一个概念。现行的农业经济和工业经济，虽然也离不开知识，但总的来说，经济的增长取决于能源、原材料和劳动力，是以物质为基础的。而知识经济是人类知识，特别是科学技术知识积累到一定程度，以及知识在经济发展中的作用增加到一定阶段的历史产物，同时又是新的信息革命导致知识共享以高效率产生新知识时代的产物。

知识和技术创新是人类经济、社会发展的重要动力源泉。知识经济正在给中国的经济发展与社会发展注入更大的活力和带来更好的机遇。大力发展知识经济有利于优化经济结构、合理利用资源、促进协调发展，有利于建设国家创新体系。通过营造良好的环境，推进知识创新、技术创新和体制创新，增强全社会创新意识和国家创新能力，从而实现中国跨世纪发展之路。

3. 文化环境对创新能力发展的影响

中国是世界四大文明古国之一，有着5000多年的悠久历史，积淀着中华民族的灿烂文明，文化源远流长，影响着世世代代的炎黄子孙，中华文化是中华民族的瑰宝。但是每个民族的传统文化都有着自身积极和消极的因素，中国也不例外。中国的儒家思想提倡自强不息的精神境界和献身国家的人生追求，这些优秀传统的继承在创新人才的培养中具有积极作用。然而，随着时代的进步，这些传统文化在某些方面却对创新能力的发展具有阻碍作用。

在传统文化中，学生学习知识的过程中往往更重视感性认识而轻视了理性的认识，逐渐形成了实用主义思想。在这种思想影响下，高校大学生的思想和现实生活都受到了制约，如在选择专业过程中会选择相对实用的学科；在选修课程的选择过程中会相应地重视能产生实用效果的课程，如经济学、计算机，对于纯理论知识的学习就相对轻视一些，感觉没有实用价值，这严重影响了大学生合理知识结构的构建，也阻碍了大学生思维的开阔程度，从而影响大学生对新知识的探索和创新能力的激发。这正反映了我国大学生的实用主义思想，从而制约了创新能力的培养。

大学生的成长离不开社会环境的熏陶和影响，大学生创新能力的培养依赖于良好的社会创新环境。只有营造社会创新氛围，积极鼓励科技创新，才有利于大学生创新意识的培养，实现创新能力的提高。

（二）学校环境因素

在当今知识经济迅速发展的现代社会，学校是我们学习的主要场所。作为专门的教育机构，学校所从事的是培养人的教育活动，包括学生的身心培养及文化知识的获得。高校的办学宗旨是培养人才，良好的学校环境能促进学生身心健康成长，不断提高创新能力；反之，不良的学校教育环境会阻碍学生创新能力的培养与顺利发展。因此，制约大学生创新能力培养的学校环境因素是指一切与高校有关的因素，包括高校的教师素质、人才培养模式和高校的人文环境等。

1. 人才培养模式

人才培养模式是指人才的培养目标和培养规格及实现这些培养目标的方法或手段。目前，高校人才培养目标是培养创新型人才，因此人才培养模式将会影响大学生创新能力的培养。人才培养模式主要包括课程设置与教学内容、教学模式与教学方法教学管理和学生评价体系等方面。

（1）课程设置与教学内容

我国的高等教育对于课程设置和教学内容过分重视系统性和规范性，基本是根据既有的知识体系构成教材，形成内容陈旧、缺乏创新的教师讲义、教案等。教学内容中尽量回避有争议、尚未形成定论的问题，非常不利于培养学生的创新精神和创新能力。

创新是在合理的知识结构基础上，培养学生的发散性思维。因此，高校的课程设置与课堂教学内容对大学生创新能力的培养具有重要的影响，主要表现在对学生合理知识结构的形成与培养学生创造个性两个方面。

①对构建知识结构的影响：近几年虽然许多高校重视并开展多种教学改革，但以英语、数学等学科为代表的公共课学习时间设置较长，专业必修课程设置过多，使大学生在校期间的绝大部分学习时间被占满，学生缺少时间和精力选择自己感兴趣的选修课，更缺乏对于一些人文科学和边缘学科知识的学习，从而阻碍了学生的创新思维及创新能力的培养。因此，高校的课程设置与教学内容应保证大学生能够建立有利于创新的合理知识结构，为未来的创新活动奠定坚实的知识基础。

②对学生创造个性的影响：高校的课程设置重视知识的系统化和专业化，在教学内容上仅仅注重对于某一学科知识间的层次清晰，却忽视了多学科之间的纵向的知识相互交叉、联系和融合。很多高校在课程设置及教学内容中仍然存在着“重知识、轻能力”“重理论、轻实践”“重继承、轻创新”的倾向。在教学中，只是空洞地强调创新培养，并没有开设创新教育课程，教学内容也没有形成大学生创新教育的目标体系，严重制约了大学生创新精神和创造个性的培养。

（2）教学模式与教学方法

目前，我国高校的教学模式仍习惯于以“单向灌输式”为主的格局，教学方法基本徘徊于“教师讲、学生听、满堂灌”的老套路，即“填鸭式”教学。这种传统的学习观和发展观在教育领域仍然占据着一席之地，成为大学生创新能力培养的主要障碍。

①以教师为中心的“一言堂”教学，学而不思：长期以来我国高校课堂教学以“单向灌输式”为主，是指在课堂教学过程中，主要通过教师课堂讲授的形式向学生单向传播知识和信息的一种方式。其主要特点是：把教师定位为课堂活动的主体，学生成为课堂活动的附属。学生的思维活动完全以教师的思维为中心，学生缺乏主动思维的时间和空间，长此以往容易导致学生思维的惰性。学生被动地获取静态知识和信息，并且这些知识和信息是单向流动的。这种教学模式不利于学生创新思维的形成和发展。

因此，以教师为中心的“一言堂”教学不利于培养学生的独立思考、批判思维和严密分析的能力，而这些都是创新所需要的重要因素。

②以课堂为中心的“封闭式”教学，学而不用：课堂教学是大学教学的最基本组织形式，是传递知识和培养人才的基本途径。在传统理论课的课堂上，教师讲授知识，学生需要以记笔记的形式学习，逐渐形成了“课上记笔记，课下抄笔记，考试复原笔记”的流程，形成了以课堂为中心的“封闭式”教学模式。同样，在实验课的课堂上学生在实验室依然是按照教师设定的实验程序开展学习。这种“封闭式”的课堂教学限制了学生学习知识的延伸性，不能将理论与实践有机地融合。

实践是创新的土壤和舞台，在单调的“封闭式”课堂教学模式下，大学生参加社会实践的机会减少，在生产实践中理解理论、发现问题、解决问题的能力没有得到充分的锻炼，使大学生的创新能力培养成了无源之水，不仅不利于学生知识体系的构建，还会导致学生学习主动性的降低，形成思维的单一性和惰性，因而制约了大学生创新思维和创新能力的培养。

③以教材为中心的“照本宣科”教学，学而不研，在“填鸭式”教学模式中，教师传授知识的方式就是“照本宣科”。教材是教师在教学过程中的主要依据，教师通常跟着教材走，把教材上的知识讲清楚，由于教师过于依赖教材和权威，学生在教师的影响下也对教材产生了认同感和依赖感。对于教材上的知识，缺乏思考、分析与批判意识。长此以往，随着这种“照本宣科”的教学模式，学生思维的灵活性逐渐降低，对外物的敏感性逐渐淡化，捕捉问题的能力也逐渐弱化，

阻碍了学生的批判思维和探究能力的养成。由此可见，这种缺少问题刺激的“照本宣科”的教学方法，不利于培养大学生的探究意识和求新求异的创造性思维，从而导致目前高校大学生的科研意识与科研能力普遍偏低，而科研能力作为创新的基础，是创新能力培养的重要组成部分。

除了教育体制、社会环境、文化环境及学生个人素质等因素外，教学作为培养大学生创新能力的主要渠道，对创新能力的形成和发展影响深远。目前，多数普通高校还没有形成以学生创新能力为培养目标的课堂教学模式和教学体系，而教学模式与教学方法对高校人才的培养具有重要的影响。

（3）教学管理

高校的教学管理是指教学管理人员依据教育教学规律，按照教学管理的规章制度，运用各种管理手段，对教学活动进行计划、组织、领导和控制的管理活动。高校科学严谨的教学管理会直接影响教学质量和人才培养的质量，对大学生创新能力的培养也是至关重要的因素。然而，目前很多高校的教学管理存在着不利于大学生创新能力培养的因素，如传统管理理念的制约、创新保障措施缺乏、创新教育师资不足等。

①传统管理理念的制约：传统的高校教学管理理念主要追求人才培养的统一化和专业化，教师在知识传授中占主导和支配地位，学生只是被动接受知识的对象，实行的是千篇一律的教育观念，实施以“教师—教材—课堂—应试”为中心的培养模式。学生在学习中日益形成依赖性思维，缺乏好奇心、求知欲、怀疑精神和创新积极性，束缚了学生的创新意识和创新能力的培养。

②创新保障措施的缺乏：目前我国大部分高校，特别是一些地方高校对培养大学生创新能力仍缺少相应的保障措施，由于对大学生创新和科研活动投入不足，资助经费少，导致实验条件落后、仪器设备陈旧，从而不能适应科技的发展，不利于提高大学生参与科研活动的兴趣和积极性，也不能满足培养学生创新能力和实践能力的需要。此外，多数高校实验室开放力度不够，无法为学生提供实验平台和实践基地，导致学生缺乏实践机会和科研机会，严重阻滞了大学生创新和科研活动的进行，不利于创新人才的培养。

③创新教育师资不足：高等学校作为知识传播和人才培养的主要基地，其整体环境对大学生创新能力的培养具有潜移默化的感染作用。首先，高校的师资队

伍建设和培养对于完善教师的知识结构、提高教师的综合素质具有积极的促进作用，而教师的知识结构、思维方式、处世态度和办事风格等都会影响和制约着大学生创新能力的培养，因此，高校的师资队伍建设对整个学校的创新人才培养意义深远；其次，目前考核高校教师的评价指标多集中于课题、论文、专著及课时数，面对这些具体的量化指标，达不到的教师考评不合格，甚至影响职称晋升。因此，很多教师都将精力放在应对教学能力考核及职称晋升上，很少有时间和精力关注大学生创新能力的培养，影响了大学生创新能力的发展。

教学管理是高等学校管理工作的重要组成部分，大学生创新能力的培养涉及高等教育教学的全过程，从而对现行高校的教学管理提出了更高的要求。高校要与时俱进，只有具备了高效、有序、科学的教学管理，将创新意识和创新能力的培养融入高等学校教育的始终，才能培养出符合时代和社会发展需要的创新型人才。

（4）评价体系

目前，高校对大学生的评价体系中，学业成绩占比重很大，依靠的依然是考试成绩和教师的评语等。这种评价机制在一定程度上可以督促学生的课本知识学习，但很难考核学生对知识的分析运用等综合能力。纵观目前高校学生综合素质评价，基本上以学习成绩为中心，重智育而轻其他素质，忽视了其他能力尤其是创新能力的培养，导致当今大学生缺乏个性和创造力。因此，现行的评价体系无法综合评价大学生的创新思维和创新能力，这样的评价体系缺乏系统性、整体性和个性化，不仅难以准确反映出学生的综合素质水平，还压制了学生努力参与创新活动的积极性，严重影响了学生创新能力的培养。

尽管很多高校都在某些方面积极开展教学改革，制定鼓励创新型人才培养的政策，但从全国范围来看，多数高校在人才培养方面依旧墨守成规，人才培养模式大同小异，缺少特色。

3. 人文环境因素

高校的人文环境因素主要是指高校在长期的发展过程中形成的校园文化和大学精神，是一个学校的精神、传统、作用和文化追求的综合体现。高校的人文环境是学校的重要组成部分，对在校大学生具有直接和持久的作用，潜移默化地影响着学生的情感和精神生活。影响大学生创新能力培养的高校人文环境主要体现在校园文化生活、学校的学术氛围和师生之间融洽的人际关系三个方面。

（1）校园文化

校园文化是一个特定的文化概念，属于社会主体文化下的区域性文化，是一种隐性的教育环境。校园文化是以学生为主体，以校园为主要空间，以育人为主要导向，以精神文化、制度文化建设等为主要内容，以校园精神、文明为主要特征的一种群体文化，其中最能体现校园文化本质内容的是校园风气或校园精神。

校园精神文化包括学校的办学思想和培养目标；教师与学生的人生观、价值观和道德观；学校的舆论环境等。校园制度文化是由学校制订的，师生需共同遵守的行为准则和规章制度，对学校内每个成员都具有规范作用，保障学校活动能够顺利进行。良好的校园文化可以营造出一种积极的校园文化环境，推动学生积极进取、奋发向上，激发开拓创新的潜能，学生在一种无形的巨大力量推动下，在积极向上的氛围中受到激励和鞭策，健康成长。因此，校园文化在无形中对大学生创新能力的培养具有潜移默化的影响。

学校校园文化建设是高校工作体系中的重要组成部分，主要任务包括以大学生全面发展为目标，深入进行素质教育；重视和加强校风建设，培育良好的教风和学风；积极开展校园文化活动，寓教育于文化活动之中，促进大学生全方位协调发展。通过营造健康的校园文化，形成有利于学生全面发展的创新教育环境，对当代大学生创新素质的培养和提高具有举足轻重的作用。在科学技术日新月异的今天，高校应更好地发挥校园文化的功能，培育创新人才。目前，多数高校通过开展丰富多彩的校园文化活动，为大学生搭建了一个平台，促进了学生丰富知识、开阔视野、勇于创新。在良好的校园文化氛围中，很多大学生积极参与各类科技活动、竞赛活动等，不仅培养了自身的竞争意识和进取精神，也促进了创新意识和创新能力的提高，最终成长为社会发展所需要的创新型人才。

（2）学术氛围

学术是人类在认识世界和改造世界的过程中积累的高深知识，具有探究性、自由性、自主性和学科性等特点。处于知识经济时代的高等院校，学术研究是知识的获得途径和内化方式。因此，加强大学生的学术研究具有重要的意义和价值，这就要求我们一定要营造良好的学术氛围。高校营造的学术氛围对大学生创新意识的熏陶和创新理念及创新能力的形成与发展有着不可估量的作用。

和谐创新的学术氛围建设首要的就是讲学术自由，它的表现形式是学术交流。目前，我国很多高校为了活跃学术氛围，拓宽学生的视野，掌握最新的学科知识和科研动态，会邀请相应的专家学者开展学术讲座、学术报告会等学术交流活动。但是，往往学生缺少热情，参与率不高，通常是被动地坐在台下，不知所云，和台上的专家少有交流和互动，导致学术交流形式化。因此，高校应该重视学生的兴趣和要求，结合课堂教学，开展以学生为主要听众的学术讲座、开设创新系列学术报告会等。通过这种方式，既能营造学术氛围，又能开阔学生的学术视野，从而促进大学生创新能力的培养。

（3）师生关系

在学校人文环境中，师生关系是对学生创新能力发展影响最为直接的关系。目前，高校的师生关系表现为教师占据主导作用，教师的授课方式及对学生的态度、教师对学生的评价，在很大程度上影响着学生的学习效果甚至学习兴趣。因此，和谐融洽的师生关系会使学生觉得被尊重和理解，学生就更愿意主动展现自己的特长，不会缩手缩脚，这不仅有利于大学生创新能力的培养，也有利于学生未来事业的发展。

由此可见，大学生的成长和发展需要良好的人文环境，人文环境因素对高校创新人才培养和学生创新能力的提高具有较大的影响。

（三）家庭环境因素

目前，在影响创新能力的外部环境因素中，社会环境和学校环境都受到了广泛的关注，而家庭是孕育一个人创造力的最早环境，适宜的家庭环境能促进孩子产生创新意识、激发创新动机，是孩子创新能力培养与发展的基础和重要条件。因此，家庭环境对大学生创造性人格的形成具有显著的影响，家庭的教育方式、家庭成员之间的相互作用及父母对孩子的关注和期望都影响着大学生创新能力的培养。

1. 家庭教育方式

根据父母对待孩子的情感态度和控制程度，家庭教育方式可分为 4 种：专制型、溺爱型、自由放任型及民主型。①专制型的家庭教育方式让孩子经常处于被动、压抑状态，表现为顺从、懦弱、缺乏自信，缺乏独立判断的能力。②溺爱型的家庭教育方式教育出来的孩子表现为自私、任性、缺乏责任感，思想上较为懒惰，缺乏创新意识。③放任型的父母对孩子缺乏基本的关注与了解，很少与孩子沟通交流，忽视了孩子的内心世界和需要。孩子从小缺乏教育和关心，往往性格内向孤僻，兴趣狭窄，缺乏理想和追求。④民主型教育方式更多地强调让孩子尝试参与各种活动，从而激发孩子的创新潜能。在这种教育方式下，父母更愿意倾听孩子的想法，非常重视与孩子之间的沟通交流，鼓励孩子养成独立思考的习惯，做自己感兴趣的事，使孩子从小具有较强的独立意识，有利于孩子创新能力的发展。

由此可见，营造民主和谐的家庭氛围有利于促进创新思维的形成。历史上不乏这样的创新者：爱迪生在 14 岁就有了自己的企业；比尔·盖茨中学时期就想要出去发展自己的计算机天分，22 岁从哈佛大学辍学成为微软公司创始人。这些人并不是所谓的天才，而是从小在民主的家庭氛围影响下，形成了敢于冒险、好奇以及独立的性格。这些性格正是创新能力发展不可或缺的因素。

2. 家庭对孩子的关注与期望

一个家庭中当迎来第一个孩子时，父母往往会给予最多的关注和重视，在各方面给予子女创造最好的条件，有利于孩子全面发展，激发创新潜能。研究显示，很多杰出的科学家以及诺贝尔奖获得者都是长子或长女，可以间接说明家庭对个人的关注有利于孩子创造力的发展。

此外，父母也要树立正确的人才观，父母都希望孩子能够成才，“望子成龙、望女成凤”的想法可以理解，但是要对孩子有一个客观、清醒的评价，不要对孩子抱有过高的、不切实际的期望和要求。当孩子表现不是很理想的时候，家长要给予鼓励而不是斥责。这样，孩子才能养成不畏惧失败、积极乐观的品格，这对于创新能力的发展是非常必要的心理素质。因此，家庭对孩子的客观、合理的期望也是影响后天创新能力发展的重要因素。

总之，父母是子女的第一任老师，父母的情感态度、言语行为、思维方式及价值观直接影响着子女的成长。家庭承担着培养大学生创新能力的责任，要为孩子营造一个民主、和谐、自由宽松的心理环境和家庭氛围，关注孩子的成长，引导并尊重孩子的个性发展和兴趣的养成，重视孩子创新精神的发展，使家庭成为孕育大学生创新能力发展的有效场所。

综上所述，除了大学生个体自身的知识结构、心理因素、学习能力及思维方式这些内部因素外，来自社会、家庭和学校的这些外部因素同样制约着大学生创新能力的培养。大学生创新能力的提高和培养，直接关系到中华民族未来的整体素质。因此，对大学生的素质教育应引起高度重视，努力提高其创新能力，这不仅是国家兴旺发达及增强民族创造力的重要保证，更是建设创新型国家的必然选择。

当前，在信息化、全球化的知识经济时代，在我国致力于构建创新型国家的进程中，大学生创新能力的提高和培养不仅依赖于大学生个人的努力，需要社会和家庭的支持，更重要的是学校所担负的使命与职责。只有在个体、社会、家庭和学校的共同参与和共同努力下，才能使大学生的创新意识、创新精神、创新思维和创新能力得到充分启迪和激发，使之肩负起中华民族伟大复兴的历史重任，使中华民族屹立于世界民族之林。

第三节　大学生创新能力培养的策略

创新始终是一个民族和国家发展的重要力量，是综合国力的核心。高校作为人才培养不可缺少的环节，必须发挥人才教育与培养的功能，将创新型人才教育融入到高校教育的各个环节。本书分析了当前高校大学生创新能力的基本情况和高校创新教育情况，并从高校教学层面、教师、学生和成果展现层面四个方面探究高校大学生创新能力培养的提升路径。

一、提升高校创新管理水平，为创新能力培养提供方向引领

高校作为大学生创新能力培养的主要场所，必须提高创新教育的管理水平，首先，要充分认识大学生创新能力培养的重要性，树立与时俱进的教育观。其次，将创新能力培养贯彻在课程、教学等各个教育环境。最后，营造尊重创新的校园氛围，与大众创业、万众创新的社会氛围相互作用。

（一）树立与时俱进的教育观

高等学校的发展必须要有教育观念和教育思想的指导。面对国家提出的建设创新型国家的发展战略，高校必须积极响应并及时转变教育理念，与时俱进的教

育观为高校培养创新型人才提供理论指导。创新教育观念的树立包括以人为本的教育观、创新为核心的教育观、综合学习的教育观等。首先，高校要树立以人为本的教育观。高等教育的根本任务是人才培养，高校的一切工作要以学生发展为本。[①] 高校人才培养方案的制订要考虑学生心理和知识水平的发展情况，在培养过程中考虑学生个性的发展，着力培养爱国爱党、勇于探索、敢于创新的新时代青年。其次，树立创新为核心的教育观。高校要充分认识到创新对于高校人才培养和教育改革的重要作用，将创新放在高等教育发展的核心地位。高校的创新教育既要注重学生创造力、创新思维的培养，还要注重与教学内容的多元结合。因此，树立创新为核心的教育观，高校必须转变以往精英型的教育观念，要将创新教育推入到每个学生的意识里、思想中，尊重学生的独立性和个性，注重学生个性化培养，在保证专业人才培养规模的前提下，对不同专业不同类型的学生进行创新教育，使得创新内容和形式不断丰富。[②] 最后，树立综合学习的教育观。高校对于大学生的培养是多方面多层次的，而大学生创新能力的培养又是个整体工程，因此树立综合学习、综合培养的观念尤为重要。高校对于大学生创新能力的培养主要从两个方面入手。一是相关专业素养的锻炼，大学教育划分为不同的专业，但任何专业都应该具备一定的文化素养和内涵，做到多学科交叉，跨学科交流互补。二是理论与实践相结合。分裂开理论与实践将会导致知识内容固化，要使知识得到更新就必须将专业知识运用于实践中。高校必须合理使用学校各类资源，充分创造校内实践的机会。

（二）选用专业性强的创新教材

教材是教育教学的关键要素、立德树人的基本载体。学习和使用教材是学生掌握理论知识的主要方法，选用新颖、前沿性的教材对高校提升创新管理水平的重要手段，也是创新教学活动和实践活动的重要指导。高校要加强教材的选用流程监督，规范选用机制，使得高质量教材能够有效科普。在教材选拔时既要保证政治方向的正确性，又要考虑专业知识的深度和学生现有水平的匹配度。选用合适的教材对学生创新能力的培养会有促进作用。其次，对教材的审核加强，完善

---

① 张敏，鞠春华．大学生创新能力培养的研究[J]．教育探索，2013（9）：105—106．

② 胡宇萱．全面推动高校人才培养方式的创新与发展[J]．中国高等教育，2019（22）：57—59．

教材的更新。教材的更新具有连贯性和发展性，一方面，在教材更新完善时要审核新旧教材的有机衔接，保持课程内容结构相对稳定；另一方面，要注意与时俱进性，审核是否纳入专业课的前沿成果和最新的研究成果，使理论教材更具有时代意义和指导意义。

（三）构建师生合作的教学活动

教师与学生最重要的沟通场所是在课堂教学上，其次是课外实践、生活等方面，那么构建师生合作的教学活动将从三个方面展开。

第一，转变传统教育模式，建立新型课堂，增加师生间的互动互学。传统的课堂教学主要是以教师讲授为主，师生的互动仅在提问环节，互动较少，这导致学生在课程结束后吸收内容较少。课堂教学是学生掌握知识和培养创新能力的主阵地，要想加强学生的问题意识、质疑精神和创新能力，加强课堂教学的师生互动，就必须要转变授课方式，教师要更加注重课堂讨论，启迪学生思路，教师作为思路的引导者和破冰者，让学生成为课堂的重要参与者，增加学生的课堂参与度。此外，还可以进行翻转课堂，准备简单的课程环节让学生主导，更好地理解和运用知识，增加学生的主动性，加强师生互动。

第二，教师引导，导师负责制，组建创新团队。导师的学术水平和学术视野决定了学生提升的高度，导师的研究精神和人格也对学生成长发挥着有形无形的影响，这就是一种学术传承与创新的过程。因此除了在课堂教学中增加师生互动外，还应该形成以教师或导师为核心的团队学习，由本专业或相关专业学生组成课外实践、科研学习小组，每学习小组或多个学习小组分配指导相应的创新教师，提供实操方法的帮助。一方面，增加了师生在课堂外的联系，让学生由被动听变为主动学，能够增加学生的创新激情和主动性，在创新想法产生时及时实践，提升学生整体的创新意识和创新思维；另一方面，由不同年级的同学组成团队，由教师提供一对一或一对多的指导，高年级带领低年级进行创新活动，交流的同时进行自我反思；相关专业的同学还可以进行跨专业交流，做到学科融合。

第三，开展辅导性讲座，重视学生创新精神教育和创新意志力的培养。教师除了注重第一课堂知识的传授，也应该注重学生心理创新精神的培育和心理健康的辅导，使其拥有更好的心理素质，在面对专业学习上的困难能够坚持不懈寻求解决途径，在遭遇失败时能够保持冷静并理性看待，为创新活动提供精神动力。

（四）举办形式多样的创新实践

实践创新与实践平台是创新活动的载体，创新与实践相互联系，辩证发展的。学生在掌握知识后对实践进行探索产生创新思维，又有实践对创新思维进行检验，从而产生新的认识，完成再次创新。高校作为大学生教学的主要场所，要充分发挥作用，举办具有实际意义的创新实践活动，搭建系统的实践平台。高校的创新实践活动可以从第二课堂活动和校外社会实践入手。

拓展第二课堂，将理论学习与实践相结合。第二课堂是高校人才培养的重要载体，其主要目的是提升学生的实践能力，拓展综合素质。高校要合理利用第二课堂的资源，把握对第二课堂的主导权。首先，在社团内容和活动上加大审核，明确实践活动的目标，将提高道德修养、增加志愿活动、加强创新创业培训、增加文化内涵、加强身心健康纳入第二课堂活动的培养目的中。其次，加强第二课堂管理。实施学分制、积分制等，加强第二课堂的约束力，有目的地进行第二课堂活动，潜移默化地加强学生的思考能力和执行力，并通过第一课堂和第二课堂的学习加强创新能力的培养。针对不同学科加强实践实习经验。

高校作为学生接受教育的主要场所，不仅提供了专业知识的学习，还承担着学生向社会人士转变的过渡作用。学生在接受了理论知识的学习后，毕业后进入工作世界，其角色从学生转变为工作者、合作者等社会角色，那么高校一定要充分发挥过渡作用，根据专业和学科性质提供实习实践机会。根据学科性质划分可以分为文科、理科和工科等形式。理科和工科的主要实践场所在实验室，相比来说文科实践机会较为缺乏，因此针对不同学科结合实际地开展实践活动尤为重要。

加强不同专业的实习实践可以从两个方面进行。首先，加强理工科实验室管理。从实验内容上来看，要加强实验室安全知识管理，定期对实验室操作进行考核，保证学生人身安全及实验室管理。从实验时间来看，延长实验室开放时间，在课后有计划地开放实验室。有需要的学生通过申请能够在课下进入实验室进行操作。从实验考核来看，针对不同学科设置考核机制，可以成立实验小组，进行小组协作和考核，促进学生实验热情。其次，为文科实习创造机会。文科例如教育、新闻、小语种等学科由于专业性质，很多实践活动无法在实验室进行，那么需要学校、学院创造实习机会。学院可以根据学科性质可以和相关中小学、企业等进行合作，为学生提供试讲或实习的机会，一方面，可以促进理论知识与实践经验的结合；另一方面，让学生进一步了解真实的工作世界，厘清个人职业规划。加大创新比赛的宣传和参加力度，形成以赛促教的实践形式。学科竞赛成为提高大学生实践能力和综合素养的有效手段，通过学科竞赛不断提升大学生的创新能力和创新成果转化力。

国家根据不同学科和专业设置了多种类型的竞赛，高校不仅要做到积极参加，还要紧随其后，充分发挥竞赛的积极作用，高校可以从三个方面实施。首先，对多种类型的比赛进行筛选，信息发布。当前各种类型的比赛层出不穷，高校要从竞赛水平、竞赛难度、比赛含金量等各个层面进行筛选，对符合条件的竞赛大力宣传，号召学生参加，激发竞赛热情。其次，高校对学生参加的竞赛提供支持。对于高质量的学科竞赛学生依靠个人能力较难完成，高校要给予充分的支持，包括专业教师的辅导培训、实验场地和实验资金的支持、创新团队的组建以及国家政策的宣讲等各方面，为学生参加高质量竞赛提供保障。最后，高校要积极举办学校特色、地区特色的校级比赛或省级比赛。高校可以以下级学院为单位举办专业特色的比赛，积极营造“人人竞赛，人人进步”的竞赛氛围，充分激发学生的创新意识、问题意识和质疑精神。创新比赛的举办要坚持以学生为中心，将提高学生创新能力作为落脚点，最终形成“以赛促教、以赛促创”的教学新格局。

（五）营造潜移默化的创新氛围

环境对人的影响是潜移默化的，积极的教育环境能够促进教学活动的实施。高校作为新时代大学生教育的主阵地，营造良好向上的创新环境和氛围对大学生创新能力培养具有重要意义。营造的创新环境和氛围对大学生创新思维的养成和创新实践的实施具有重要影响。

大学生创新环境包含众多场合和环境，既有教学的课堂环境，又有日常活动的校园环境。因此，优化学生创新环境要从课堂环境、校园环境和创新活动环境三部分入手。首先，营造双主体参与教学的课堂模式。课堂教学是学生获得知识的主要途径，专业知识的学习、学科前沿的了解都通过课堂进行传输。传统的课堂大多是由老师讲授学生聆听，这种授课方式导致学生接收效率较低，所学的知识有时还未运用到实践活动时就已经遗忘，使得创新活动缺少知识的支撑。面对国家和社会对于创新的重视，高校必须及时改变教学模式，将创新逐步纳入课堂教学，改变课堂环境。创新人才的培养要从改变课堂教育模式开始，明确课堂主体，教师不再一味地采用“填压式教学”，而是适当地放开课堂，教师在掌控课堂整体节奏的前提下，翻转课堂，形成“教师—学生”双主体的课堂教学模式。通过学生前期收集资料，上课讲授，课后互评等形式使学生在课堂教学中更加充分掌握知识，发挥其主体作用。

其次，完善校园创新氛围。除了课堂教学融入创新教育外，校园氛围的营造对于创新能力培养也起着重要的作用，高校营造创新氛围主要通过校园文化建设和校内实践活动方面。①高校应将创新教育融入到校园氛围。校园文化作为影响创新能力培养的外在因素，在创新人才培养中起着基础性、导向性作用。通过在不同学院设置宣传栏，进行相关专业最新创新成果和杰出创新代表人物的宣传，充分宣传创新的重要性。②加强对社团的管理和干预。大学生创新能力体现在多个方面，包括领导能力，合作能力、沟通能力，都是创新能力培养中不可缺少的部分。学生通过参加社团活动，谋求合作，高校通过加强社团管理，使社团真正发挥“同辈成长”的作用。加强社团建设使得学生在丰富课余时间的同时，注重创新思维的培养。

最后，加强创新活动管理。国家每年会开展各类的创新类比赛，高校作为主要参加者和组织者，是学生获取比赛信息和参加活动的主要渠道，因此，高校应加强对创新活动的管理。此外，学校还应开设创新教育部门，吸纳不同专业优秀教师，以便对学生参赛作品积极指导。通过对课堂环境、校园环境和创新环境的优化，逐步营造出大众创新的良好氛围。

二、打造创新师资团队，为创新能力培养提供师资保障

高等学校是国家培养高层次创新人才的重要基地，高校教师作为专业知识和创新教育主要传播者，其自身工作理念和方法对于创新能力培养影响深远。因此，构建专业教师队伍，提升教师综合素质至关重要。

（一）组建专业的教师队伍

教师作为高校教育的主体，作为创新能力培养的重要影响因素，其教育水平和综合素质直接影响教学效果的呈现。高校教师创新能力的提升是高校创新教育的重要保障，因此吸纳和组建专业的创新教师队伍、加强创新师资力量对于高校

创新教育和大学生创新能力提升具有重要意义。对于高校来说，专业创新教师队伍建设能够有效提升学科水平，支撑学科发展；能够更好地促进创新成果的产生和转化；能够激励队伍里的教师不断成长，最终形成良好的成长氛围。对于学生来说，教师拥有一定的创新知识能够在日常的学习和生活中对学生创新意识进行启发，能够采用科学、与时俱进的方法激发学生创新热情，对学生的创新实践作出更好的指导。因此，组建具有创新意识的教师团队尤其重要。在高校教师招聘环节，可以适当向国企、优秀企业、行业领先企业倾斜，通过考核模式挑选“双师型”教师，将行业、企业优秀人才纳入高校教师队伍，为高校教学带来更先进、实用的知识，提高学生的实践能力。

（二）完善教师的选拔机制

构建高水平教师团队要从教师的选拔、培养、发展各个层面进行。首先，在创新教师队伍选拔上，要坚持引育并举的原则，通过推荐、选拔等方式挑选不同专业对学科前沿和创新政策了解的教师，同时增加选拔条件，选拔的教师要求不仅拥有过硬和专业知识，还要有创新思维。由选拔的教师组织专业的创新团队，学习和传授系统的创新方法和手段，通过队伍发展加强不同学科间的交流与合作。其次，在教师发展方面。以师资力量整体提升为目标，根据教师个性化和专业化发展需求，安排教师定期进行创新类课程学习，如研讨、培训、学术交流等，提升教师创新水平、教育水平和管理水平等。此外，还要求教师对国家发展、专业创新前沿时时了解，坚持不停学习，将最新的教育科研成果运用到教学中。最后，构建合理的教师吸纳体制，形成“人才蓄水池”。

（三）创新教师的考核机制

构建人才队伍固然重要，但更重要的是留住人才，让教师拥有更广阔的发展空间，优化教师发展环境。因此制订合理的教师评价机制至关重要，做到科学评价，针对不同学科特点设置不同的评价指标，分类分层地对人才进行评价，逐渐形成稳定的教师队伍。

首先，高校要建立综合全面的教师考核机制，打破“唯论文”的考核方式，以综合的眼光建立考核标准。在教师评价机制中纳入师德师风考核、课堂教学质量、学生评价等多方面的考核标准。创新理论教师作为学术型教师，参加的科研活动多以课堂教学和创新活动为主，在考核时应具体问题具体分析，来激发创新教师的教学热情。

其次，构建分类评价制度，以发展的眼光建立考核标准。高校是不同学科和专业的集合，那么高校教师也有不同的教学方法。对于不同类型，不同专业的教师业绩应该分类分级评价，杜绝“一刀切”的考核方式。要充分认识到创新的艰巨性，创新成果转化的时间性，在对创新成绩考核时充分考虑到客观条件的影响。通过完善教师考核机制，为教师创新教学水平提升提供保障。

三、提升学生创新认知，为创新能力培养提供内在动力

大学生的创新能力是一个完整的体系，是由创新意识，创新思维、创新方法和创新转化力为要素的整体，整体又分为三个维度，即思维意识、方法技巧和成果展现。因此，在大学生创新能力的过程中，要筑牢三维根基，充分发挥学生的主观能动性。

（一）加强学生创新思维培养

创新意识和创新思维是“三维根基”中的第一维度，以创新意识为基点，创新思维为核心，从理论上引导学生。

1. 摆正对“创新”的认识，培养创新意识

创新的内涵在不同时期有不同的变化，随着我国改革的不断加深，创新已经成为内涵丰富的时代精神之一，创新的内涵也从狭义的发明新东西、创造新事物，延展到科学上的发现，体育竞技中的突破，某单位、事物形态功能的革新等。高校对于大学生创新意识的培养尤为重要，首先学校要明确不同专业在创新上的不同表现，紧随国家发展和社会需求不断深入创新内涵，增强学生的创新意识。同时，从高校层面加强大学生应对不断发展的新兴技术、复杂多变的网络环境的处理能力、对纷繁复杂的数据信息的筛选能力，培养敏锐的观察力，发现问题和独立思考的能力。在专业知识的学习方面，学生要牢牢掌握本专业基础知识，为创新意识的培养奠定知识基础。

2. 培养创新精神

创新精神包括观察力、意志力、坚持、创新、激情等多个方面，它是创新思

维转化为创新成果必不可少的部分，创新精神是创新能力培养的情感动力。缺乏创新精神会在创新行为实施过程中缺少坚持力，最终导致成果难以展现，因此培养学生的创新精神尤为重要。创新精神的培育主要有内在和外在两个方面。创新精神的内在培育主要依靠学生个人，新时代大学生作为独立的人具有主观能动性和自主选择性，因此在学习生活中要有意识地增强创新精神，将知识学习与精神培育齐头并进，通过同辈相互辅导、参与课外实践、构建师生沟通桥梁等方式磨炼创新意志，增强实践毅力、加强抗压力等。

创新精神的外在培育主要依靠高校。首先，高校要树立培育创新型人才的目标，积极落实教育改革，对大学生创新精神进行积极引导。高校是学生获得知识和教育的重要场地，而课堂教学又是最重要的环节之一，因此，高校在课程设置上要融入专业前沿教育，做到专业知识与时俱进，不断更新。在教师素养方面要求教育者明确创新教育的目标，提升教育的趣味性和可操作性。通过教学手段和教育者起到思想引领的作用。其次，高校应提供课外实践帮助大学生树立创新精神。只有树立正确的创新观念和精神，才能更好地学习到创新方法和进行创新活动。教育活动除了课堂学习外，课外实践也是大学教育的重要部分，课外实践包括社团活动、社会实践等形式，高校在课外实践环节要发挥引导作用。

3. 树立创新思维

创新思维是人在对现象分析后产生的一种有意识的思考，它是创新能力培养的核心。树立创新思维对新时代大学生创新能力的培养至关重要。从学生自身因素来说，树立创新思维首先要有扎实的知识基础，了解知识的前提下可以对本专业发展前景和未来发展空间有更好的见解。其次要有独立思考的意识和能力，培养强烈的问题意识，在日常生活和学习中能够跳出“舒适圈”，摆脱思维的固化，有意识地观察和思考问题，多问几个“为什么”“怎么做”，寻求解决问题的不同方式。

（二）激励学生参加创新实践活动

学习的目的在于应用，创新思维和创新方法学习的目的在于实践的运用。第二课堂活动是创新实践的重要部分也是创新能力培养的重要手段。第二课堂主要是指课堂教学活动之外的，学生利用课余时间学习知识、锻炼能力、陶冶情操的学习、交流活动，而学生参加第二课堂主要通过社团、班级和个人。培养高校大学生创新能力要灵活运用第二课堂，学生首先要转变意识，认识到参加第二课堂活动不仅是学分获得的一种手段，更是在校期间锻炼综合能力的良好媒介，要充分运用学校创造的第二课堂环境，做到文艺活动和实践活动并行。其次，学生要学以致用，融会贯通。社团和班级为单位的第二课堂活动能够将专业知识与实践相融合，例如，辩论社、大学生建模社等社团为不同专业的大学生提供了实践的机会，增加生生互助和师生联系，合理地利用社团等第二课堂可以更好地锻炼个人的创新能力。第二课堂活动与主要课堂教学相辅相成，都是大学生提高自身创新能力的有力手段。大学生创新能力培养必须同时从思想、理论和实践三个层面一起发力，通过系统学习训练，掌握丰富的专业知识、完善的知识结构，充足的实践经验才能拥有将创新能力转化为社会生产力的能力，才能产生社会效益，从而提升自我价值和社会价值。

四、促进创新成果转化，为创新能力培养提供持续保障

创新成果是创新能力的物质表现，是高校创新能力培养效果的最终呈现。高校对创新能力的培养的最终目的是转化为能够促进国家发展、高校发展的创新成果。因此，制定完善的转化机制、保障经费的支持和探究多方面的培养模式对创新成果转化有重要意义。

（一）完善成果转化的保障机制

在重视人才的背景下，创新成果和知识产权的保护尤为重要。要更好地激发学生创新热情，维护创新成果的权益，必须有一定的保障机制和激励手段。首先，高校指导学生树立创新成果保护意识，采取恰当的保护措施。学校通过开设公共课、讲座等形式，加强著作权法、专利法等相关法律的宣传教育和普及，让学生充分认识到创新成果保护的重要性，增强产权保护意识。其次，高校要建立创新成果保护机制。教育部第 3 号令《高等学校知识产权保护管理规定》中指出要完善高等学校的知识产权保护，各高校根据实际情况组织开展本校知识产权的鉴定、评估和管理等工作。高校应当建立创新成果信息管理部门，对学生和教师创新成果及时登记，进行跟踪归档。最后，完善创新成果考核、激励机制。高校

在学生和教师进行考核时要加大知识产权在整个评估指标体系中的比重。在学生升学、评优环节纳入创新成果的比重，在教师的业绩考核、职称评定中纳入知识产权的考核。高校主管部门在对高校教学评估时，也应适当提高创新成果所占的比重。

（二）保障创新经费的持续支持

创新能力的培养需要技术和资金支持，高校要加快创新成果转化，必须要有足够的经费支持。国家层面，为提高高等学校科技队伍的创新能力和竞争实力，进一步推动研究型、创新型大学的建设。国家对创新、科研活动的政策、资金支持，促使高校要结合自身特点加大创新经费的保障力度。一方面，高校要积极争取国家政策的支持，争取创新资金的投资。高校要有发展的眼光和前沿思想，及时了解国家发展需要的人才，面对国家和社会的需要，培养专业人才和科研团队。以国家需要和政策支持为导向，争取到创新资金的支持。另一方面，高校要根据自身发展情况，加大对创新成果的支持力度。定期对科研团队的创新进度进行考核审查，对有成效的科研活动加大支持力度和资金保障。及时更新实验室、实践活动的设备，更换老旧、损坏的设备，为创新活动提供资源保障。

（三）促进校企合作的培养模式

高校为学生提供了学习知识和锻炼能力的环境，为他们顺利融入社会提供了过渡保证。高校的职能不仅是传授知识，还有培养国家和社会需要的人才。大学生创新能力的培养是一个系统、长期的过程，需要高校、社会和国家共同合作。从高校角度来说，培养国家和社会所需要的实用型人才，提高学生的适应能力，就必须加强校企合作。

（1）通过校企合作和校地共建，推进“产学研”一体化发展。高校通过与企业合作获得企业参加的机会，使学生提前了解工作世界，了解企业发展的关键所在。此外，吸纳优秀学生进入企业实习，实习结束后分享经验所得，让学生提早接触企业，提高学生创新能力。

（2）高校建立实践基地。高校可以与企业合作在校园内建立创业孵化基地，创新工作室等，针对不同专业学生进行“校企共教”的创新教育。高校还可以在校外与基层组织、社区、地方单位建立实习基地，扎根于基层，培养学生吃苦耐劳的精神和良好的沟通能力。

（3）打造“双师”型，校企培养模式。在企业中选拔有授课资质的人员、有经验的工程师加入高校教师团队，通过混编或讲座的形式加入高校创新教学，一方面，企业教师可以负责实践教学，增加创新实践活动的次数，提高学生专业的实践水平；高校教师负责理论教学，带领学生团队共同解决企业技术难题。发挥学校和企业人才的互补优势，高校为企业输送人才，企业为高校提供资金等保障，将各自的优势结合起来，共同承担国家科研项目研发或重大工程实施。通过高校和企业的合作，使得学生在校期间就对专业发展和人才要求有所了解，一方面能使高校更好地发挥人才输送的职能，另一方面激励学生按照国家和社会所需的人才标准发展，进一步提高创新能力。

（四）制订规范合理的评价机制

创新成果是创新能力的培养的最终体现，是判断创新能力高低的重要影响因素。因此，必须制定规范合理的创新成果评价机制。对于创新成果评价机制的制定要有可量化的标准和评价等级，同时要充分考虑到创新成果转化具有时间久、难度大等特点。首先，创新成果评价机制的制定要有统一标准，做到评价可量化。评价机制的制定要根据成果类别不同制定不同的验收、考核标准，可分为应用类、技术类等种类，充分考虑不同创新成果类型的特点，制定不同的量化标准，切忌“一刀切”。其次，组建和成立专业的创新成果验收、评价小组，由不同专家从不同角度对创新成果打分，做到评价过程公平公正合理。最后，考虑创新成果转化的难度，采取分阶段，注重过程的评价机制。有些创新成果转化需要五年、十年甚至更久的时间，对于这一类创新成果评价，要分阶段进行，将创新成果过程记录情况纳入评价体系中，从而做到综合评价，具体问题具体分析，切忌使用固化标准影响创新成果转化。

第六章　大学生创新能力培养的创新教育

本章为大学生创新能力培养的创新教育，主要介绍了六个方面的内容，依次是、创新教育的内涵及其意义、创新教育的目标和任务、创新教育的内容、创新教育的方法、创新教学的原则、创新教育的运行机制。

第一节　创新教育的内涵及其意义

一、创新教育的内涵

欧盟 1995 年度的《创新绿皮书》中指出，创新是“在经济和社会领域内成功地生产、吸收和应用新事物。它提供解决问题的新方法，并使得满足个人和社会的需求成为可能”。因而，可以将创新表述为是一种人们通过不同的视角，以全新的方式、利用全新的综合手段展现新世界和新理想，为自己和社会带来发展的行为。创新是一种过程，也是一种成果。创新的过程就是，在现有知识和信息的基础上，寻求新的组合方式；在解决问题时，不断选择并验证新的方法；对存在的困难和疑虑作出敏锐的反应。创新的结果就是，在产生新的和理论；产生新科技发明和艺术作品。

“创新教育”是结合创新学、教育学、心理学等相关学科的理论结，借助课堂内外教学活动，促使学生主动实践、思考、探索和创新的，在这一过程中激发潜在的创新能力，引导学生形成创新意识，发展创新性思维和创新精神，以培养创新能力为目标的一种教育。立足于人才学视角，创新教育旨在激发个人的创造潜能，并培养创新型人才。立足于教育学视角，创新教育是为人们将来进行创新发明奠定下坚实基础和做好充足准备的教育。立足于心理学视角，创新教育是一种针对个体思维能力的培养和训练的教育，着重于培养个体的求异性和创新性思维。以下是它的基本特点。

（一）超越性

就本质而言，创新教育是促进大学生超越自我并不断地向前发展。它涉及克服困难和障碍，以获取新的知识；改变令人失望的现状，创造新的生活环境，改变世界；基于自己现实的发展起点，提升个人能力和修养。如果教师只是机械地按部就班、墨守成规地教学，不能热情洋溢地指引学生去探索、克服各种难题，不断超越，教师也好学生也好就无法取得进步与创新。想要做到超越和发展，除了不满足于客观现实，勇于改变外部环境，超越客观现状，更要不满足于自我，提升自身素养和能力水平。需要注重学生内在驱动力的培养，激发自我认知和自我要求的意识，使其进行自我教育和修养，引导学生自觉地树立理想自我和奋斗目标，克服困难，实现梦想。

人不仅仅存在于现实之中，而且还具有超越现实的存在意义。人是一种现实的存在，受到周围环境的影响。人类也是一种超越现实的存在，通过积极的行动否定并改变现实状况。通过将理想投射到现实中，人们可以更好地审视和引导自己的现实，并将现有的现实转变为符合个人理想的状态。实际上，这个过程也就是创新的过程。基于时间维度，创新教育是一个从现实出发，并基于此引导年轻一代持续构建未来的过程。基于空间维度，创新教育引导年轻一代积极地针对现实作出能动的改造的实践过程。创新教育就是以批判性思维的教育理念，促使学生进行深入思考和自我反思，质疑和挑战已有的现成物或结论，以开阔新的世界视野。人类不仅是社会的创造者，也是自身创新的推动者。人在对社会进行创新改造的过程中也在不断地创造自我。创新教育就是增强个人的创造意识，以及培养其将创新的想法通过实践作用于现实的能力。创新教育必须遵循以下方面，这是其超越性本质的要求。

1．高扬大学生的主体性和个性

就“我思”而言，创新既是其过程，也是其结果。“我思”的意义在于将“自我”与环境的“所予”重新组合，在对象上显示出主体在个性和独特性。因此，创新是基于人的主体精神，进行的自由自主的活动。“我思”是主动的过程，因此创新是个体所进行的主动行为的结果。这表明，创新教育必须符合创新的本质要求，并在两个层面体现出来。第一个层面是发挥学生的主体精神。唯具备自我意识的个体，才会在各个社会生活领域中表现出追求创新的愿望。创新实质上是主体自我探索、自我成长、自我提升、自我完善的过程。第二个层面是培养学生的独立个性。创新是展现和发扬人的独特和个性，它将个人独特的主体精神对象化并外显于世。创新教育中，必须最大限度激发学生的主动性和积极性，才可以让学生的“创新”行为表现出来。创新教育是有目的、有计划的，不是对学生进行随意改造，而是鼓励学生积极参与、自发探索，使其在这种自主的活动中获得成长、自我发展、自我完善。所以，在创新教育中，应该强调以学生为中心的教育观，将学生视为一个独立个体，一个能动的生命体。在教学中，需要将教师传递知识转化为学生探索知识，使学生能够积极参与探究学习。

2. 突出教育过程的开放性

根本上看，创新就是人们通过全新的角度、方式、组合将新的理想展现出来。所以，其内涵就是要针对当前的现实使用批判性思维，将现实中存在的多种可能性探索、展示出来。在教育中要表现和发挥出生的主体精神力量，将其独特个性外化，就必须采取一种开放的教育方式。创新教育就是这样一种开放性的教育，这一特点体现在创新教育中就是，学生被视为学习的主体，是不断发展的，被认为是一个身心不断构建和升华的个体；教学过程被视为动态变化的，不断产生新质的过程。在教育过程中，突出开放性，需要构建一个极为自由的思维时间和实践空间，让学习主体能够自由、主动地参与活动，从而充分发挥出自身的主体性。在教学活动中，学生的自主性就是学生身心发展和教学过程的开放性体现。课堂教学中，学生的智力活动主要分为两方面：其一为学习理论知识，并将之内化。其二为开展主动实践，外显自身具备的个性品质。前者是后者必不可少的条件，后者为前者所决定。因此，创新教育的开放性就是学生内化知识的过程。在这里需要重点关注的是：第一，教师应该着重于让学生理解科学结论在一定的条件下才是真理的，这意味着当条件发生变化时，原本的结论也需变化。第二，开放式的课堂讨论，这要求教师构建一种民主、开放、自由的氛围，让学生乐于积极参与并表达自己的想法、知识和能力，从而促进知识共同的发现、创新和分享。第三，求异的思维风格，也就是说学生的思维活动应当具有批判性，对以往的知识等进行质疑和否定，或者具有发散性，求新求变。第四，活动的自由表现，在课堂教学过程中，需要给学生创造一个自由活动的环境，使其能够尽情地发挥自己的想象力、开展创新活动。

创新教育是一种开放、自由、多元化的活动，它不应被束缚在课堂上，不必死板地遵从教材，也不应当被教师的指导与布置所限制。这样学生才能拓宽自己的视野、丰富自身知识、全面而深入地思考、重新整合经验，并发挥出潜在的创新能力。如果学生遵循传统的方法进行封闭式学习，那最多也只能成为只会听任务的机器人，死板地记忆书本知识，而且不可能在学习和实践中进行创新。教师应该着重将教育活动与学生的日常生活、社会生活以及当代世界的发展趋势相联系，使之更加生动、有趣、实际并紧跟时代潮流。必须不断获取相关的最新信息和知识，以使教育内容与学科的最新发展状况相一致，并不断充实和更新教育内容。还需要指导学生将所学知识应用于实际情境中，以解释、理解或解决各种具体问题，从而让他们在实践中学到大量实用性知识。对于创新教育而言，尤为重要的是学生开放性的学习，教师需做一个引导者，让学生的学习从课上延伸至课下，从校内延伸到社会，借助网络、社会活动等扩大知识面，开阔视野。

3. 民主性

创新教育必须是在民主的环境中开展的。为学生创建一个轻松的、愉快的、自由的学习氛围，不对其进行强制要求，不盲目压制其个性，才能够促使其进行自由、自觉的思考和探索，发散思维进行假设，并大胆地表达观点，作出果断的决策和实践，最后才有实现创新和超越的可能。在不民主的环境下，学生往往会感到自己是不自由的，是受压抑的，不管是思考还是实践都只能在一定范围内进行，过于看重教师的指令，难以释放自己的创新思维和创新热情，被磨平个性和独特性，懒于思考、拙于思考，更谈不上创新，因此民主性是创新教育的内在特质之一，它不可或缺。

4. 体现课堂活动的实践性

人存在于实践活动中。实践是创新教育的核心要素，只有将创新思想付诸实践，才能将其变成现实，并取得实际成果；只有在不断的实践中，才能培养出人的创新意识和能力；实践为人们的创新提供了必要的问题情境。任何有意识、有目的的行动都发生在一定的环境中，都是为了解决特定的问题。只有当问题出现后，人们才会竭尽全力地寻找解决方案，以解决问题，产生一种令个人和社会满意的行动结果。实践性是创新教育的重要特征，要突显这一特征，就必须在教育中创建一定的问题情境。人们只有面对现实问题时才会不断进行探索和发现，产生创新和发明。这一点可以在人类创新历史中得到证明。问题的产生源于人们的行动中所遭遇的挫折和失败，源于行为者自身的行为和主观思想方面的不足。曾经有一位德国造纸厂的劳工因为疏忽大意，错误地调配了一批造纸配方，导致制成的纸无法用于书写，因此面临被解雇的处境。但是，这位执着的工人不愿失败，开始深入研究这种被废弃的纸张，最终发现它具有极佳的吸水性能。因此，这名工人以低廉的价格购买了这批废纸，将其切成小块并出售，宣传其为“吸水纸”并提交了专利申请。这位工人之所以能够从困境中获得好处，是因为他在面临问题时，形成了创新的意识。在此处，创新的含义并非指发明新事物，而是将现有事物用途进行改变。尽管纸张并未改变本身的性质，但它被赋予了新的功能和用途，从而增加了实用价值，满足了人们的需要。综上所述，对于创新教育，我们应该持理性的态度进行审视，这能够促进素质教育的全面发展，推动教育改革的深入进行。

（二）全面性

创新教育之下，学生需学习和掌握的基础知识不被局限在某个学科，而是涵盖各个领域。同时，还需要挖掘自身的各种潜能，实现智、德、美、体、劳等方面发展，这是对于学生的创新能力而言，是基础和源泉。在教学中，应充分扩展学生知识面，使之博学广记，还要重视其个性，对感兴趣的学科进行深入学习，但是不能因此导致精而不博；在促进学生发展方面，不能过分偏重于理论知识的传递，还要培养其非智力因素；在培养学生的认知能力上，不能只重视其思维开发，还要提升其观察、记忆、想象等能力；在开发学生思维方面，不能偏重于发展其基于逻辑思维的复合能力，或者偏重于基于形象思维的发散思维。创新是一种综合的素质和能力，只有某个学科的知识和某方面的能力是难以实现创新的，其要求对人的潜能进行全面开发，依靠的是人的总体素质，在解决问题时要对人的所有经验、智慧、能力、情感和意志进行最佳组合，才可以做到超越的创新。需要注意的是全面性并不代表要每个方面都擅长，每个人都一样，而是要基于学生真实情况，促进其个性全面自由发展。

（三）探究性

要推动创新教育，必须注重对问题的研究和探索。教学过程中，缺乏对问题的探究，就难以调动学生学习的积极性，难以引导学生进行独立思考，也无法使学生之间进行思维碰撞，从而无法激发出智慧的火花，这样学生的思维没有被合理开发，能力也无从发展。可以说，要想进行创新性学习，就必须在教学中突出探究性。探究是实现创新教育的重要环节。应当充分引导学生进行独特且个性化的思考，在对问题的探索中，总结出自己的独到见解和做法，在完成创新性作业时表现出自己的独特风格。同时，重视引导学生在探究的同时，拓宽知识视野，也养成个人的探究兴趣、创新性思考能力以及个性和习惯。

二、创新教育的意义

21 时期是科技的时代，是人才的时代，是知识经济的时代，其发展的主要动力就是新的发明、发现、研究和创新。因而，在教育中，要始终将培养民族创新能力作为一项核心人物，在当下和未来，创新教育都已经成为主流。其在培养大学生的创新能力方面具有关键性意义，具体表现为如下几点。

（一）创新教育促使人脑的均衡发展

斯佩里等美国学者于 20 世纪 80 年代初研究发现，人类大脑左右两半球的功能存在着显著的差异。创新性思维与右半脑功能有着紧密的联系。创新教育强调创新思维和创造精神的培养，激发人的创造力和想象力，推动大脑左右半球的协调发展。通过创新教育的方式，我们可以充分挖掘人类大脑的潜能。

（二）创新教育能提高人的综合素质

创新能力通常是注意力、观察力、记忆力、理解力和想象力等因素相互综合的有效表现。反过来，创新能力能动性的发挥可以助推各种智力因素的有效发展和完善。创新的过程通常是曲折的艰辛的，需要克服重重问题。这需要具备强大的心理素质，包括坚定的信念、坚强的意志、顽强的毅力等。创新教育的过程就在于鼓励受教育者参与实践，在实践中锤炼这些非是智力因素。创新教育能够有效提升个体综合素质，不仅涵盖智力方面的提升，还包括非智力因素的改善。

（三）创新教育还能促进人的个性发展

创新的基础是人类的创新活动。创新是人们通过思维和行动，首次产生全新的精神或物质成果。从本质上看，创新的核心在于新，在于独特，在于不同寻常。个性是一种稳定的心理特征，它使一个人与其他人区分开来，是其独特性的表现。因而，个性和创新能力互为增强。增强创新能力的过程，恰好就是将个性激发和展现出来的过程。随着创新教育的发展，学生的创新能力不断提升，带来的创新成果越来越多，也更加个性化。

（四）创新教育有利于创新人才培养

纵观人类发展史，教育可以分为三个阶段，分别为：工具型教育—知识型教育—智能型教育。古代社会，教育是统治阶级用来传播其伦理价值、社会道德规范和行为准则的工具，它主要是为统治阶级培养忠顺的臣民。近代资产阶级提出了知识就是力量的口号后，教育随之进入了知识型阶段。科学知识在教育中的比重逐渐增大，提高学生的科学文化水平成为教育的基本目的。教育除了要使学生在道德和科学文化方面有所发展，还要发展其智力和技能。因此，自 20 世纪 50 年代起，教育又过渡到了智能型阶段。智能型教育视智能是人才的根本素质，因而更加重视人的智能的发展。尽管三种类型的教育关注的内容有差别，但它们都是以传递人类已积累的实践经验和成果为手段，强调对已有知识的记忆。传统教育将教学目的放在了对知识本身的掌握上，将教学过程看作积累知识的过程，将评价标准放在了对知识掌握的数量和正确性上。然而，随着信息时代的到来，传统的重知识、重技能的教育所培养出的知识型、专才型人才已不能满足社会的需要。

教育面对个体的需求、时代的呼唤，应作出怎样的应答？ 21 世纪，我们要重新审视教育的培养目标。现代社会，多媒体、网络技术的广泛应用使得人们获取知识的手段日趋多样。课堂不再是获取知识的唯一途径。而在知识增长日新月异，试图拥有所有知识已经完全没有可能的今天，个体能否具备分析、判断、选择和创新性地运用知识的能力已成为教学的关键。因此，高校教育不能再局限于传授知识的功能上，创新能力的培养应是 21 世纪教育的最高目标。就像皮亚杰所主张的，教育的目的应当是塑造一个能干的人，使之不仅能够做到前人做的事情，还要能够发现前人未发现的，创造前人未创造的，拥有创新的能力。

（五）创新教育有利于开发创新潜能

提及创新能力，人们总要习惯性地联想到科学家、艺术家，似乎只有这些人才具备这种能力。事实上，创新力是一切正常的人都具有的潜能。人本主义心理学家罗杰斯认为，创新力的首要原因就在于人的自我实现的倾向。人的倾向在于自我实现。这是人类中与生俱来的，是个人的能力得以表达和发挥的必要条件，这也许会被深埋在每个人的内心深处，无法被察觉。但是，每一个人的心中都真实存在这种倾向，只要有机会，就会表现来。在一个人试图成为完美的人的时候，这种倾向会催生出创造的力量。

人不但有着高于一般动物的多种潜能，而且这些潜能需要通过释放的形式发挥出来，这是一种自然的倾向。教育对人类自身的生产是通过开发人的潜能并使之外化为适应、征服和改造自然的能力来实现的。创造力对于人而言，是一种心理潜力，只能被开发出来，才能够从可能存在的状态变为切实存在的状态。心理潜能相比生理潜能要弱得多，要想把它完全转变成一个人的实践能力，必须经过不断的学习、训练、培育。创新就是培养人的创新能力，正满足了发掘人的潜能、实现人的价值的需要。

（六）创新教育有利于教育的健康发展

创新能够推动教育健康发展。在当前社会，科技迅猛发展，知识已成为经济增长的重要力量，国家之间的竞争日益激烈。教育是综合国力形成的基石，而国家的实力优劣越来越为劳动力素质的高低所决定，为各种类型的人才数量和质量所决定。自改革开放至今，我国的教育事业取得了显著进步，但必须承认的是，我们的教育理念、教育制度和教育结构等没有跟上时代的发展，是无法满足 21 世纪的需求，尤其是仍然存在盲目追求升学率的现象。这加剧了升学竞争，使得学生无法获得全面的发展。积极推动创新教育，是解决我国教育滞后问题、推动教育良性发展的重要手段。

第二节 创新教育的目标和任务

一、创新教育的目标

创新教育是一种新型教育方法，不同于传统教育，它的目标不在于传授多少知识，传承了何种技能，尽管也重视这两个方面，但是更加强调知识结构的合理性以及获取知识的方式，更侧重于激发学生的创造力、创新力。创新教育主张每个人都具备创新潜力，并且通过创新教育的培养，这种潜力可以被开发出来。创新教育的理念是个性化教育，强调根据学生的思考方式和才能特点，采用各种方法和策略来培养他们的创新能力。致力于发掘学生的创新潜力，坚定地培养新型人才，使其成为创新型、复合型、通才型的新型人才。创新教育和传统教育的人才培养目标存在根本性差异。

为实现创新教育培养创新型人才的目标，学生需要扩大专业知识，进行多学科教育，因为时代的发展要求人们全面掌握各种各样的知识。一个人如果只了解本专业的科学理论和技术方法，而对其他专业和其他领域的事物不熟悉、不了解、不掌握，那他就不算是一个成熟或合格的人才。进行多学科教育，有以下两个方面的意义：一是开展多学科创新教育，可以使学生不局限在一种专业之中，摆脱一种专业所容易造成的单一思维模式，实现多学科知识互补、优势嫁接，从而在不同思维模式的基础上进行多向思维。二是开展多学科创新教育，可以使学生从其他学科中，找到原专业的不足之处，可以有意识地抛弃旧知识、吸收新知识，做到有所发现、有所突破，从而在开发自身创新能力上得以进步。因此，对于达成创新教育的目标而言，要发展学生的创新性思维，以及增强其创新性能力，采取多学科创新教育能够带来理想效果。

二、创新教育的任务

（一）创新教育应完成的一般教学任务

1. 传授基础知识和基本技能

“双基”，这个常见的词汇指的其实就是基础知识和基本技能。基础知识指的是各门科学中的基本事实、基本概念、原理和公式等，这些知识构成学科知识的基础架构，将各学科研究对象的规律性揭示了出来，同时也将科学文化发展的现代化水平反映了出来。基本技能指的是学生使用已经学到的各门学科知识，应对实际问题的最主要、最常见的能力。

2. 发展学生的智力和体力

智力指的是个人在认知过程中展现出来的认知能力体系。智力的组成部分包括观察力、记忆力、想象力和思维力，并且以思维力为核心。虽然智力和创新力之间没有必然的正相关关系，但智力在创新力的发挥过程中有着不可替代的作用。在教学过程中应当注重卫生，避免让学生背负过重的课业压力，以便让他们可以有规律和节奏地生活和学习，从而保持精力充沛和身体健康的状态。

3. 培养学生的共产主义世界观和高尚的道德品质

如苏霍姆林斯基所言，“人的所有方面和特征的和谐，都是由某种主导的首要的东西所决定的，在这个和谐里起决定作用的、主导的成分就是道德。”人的发展离不开思想品德这一重要动力，在教育培养学生的过程中，必须使用社会主义核心价值观和道德，使学生自觉承担起建设现代化社会主义强国的使命，为民族之复兴为读书，将之变成自己创新和发展的动力，进而形成顽强的创新精神。如若不然，仅仅在短暂的爱好和兴趣的趋势下，只能在事事顺利的前提下才能够获得一定的创新成果，一旦面临困难和失败，就会打退堂鼓，不愿克服。但是创新的道路总是存在着种种挫折，只有在坚定的社会主义核心价值观和道德的驱动下，才能够克服艰险，不断创新，勇往直前，为国家和社会乃至人类的发展作出贡献。

（二）创新教育应完成的特殊教学任务

1. 培养学生的创新意识

创新意识就是指不随波逐流，不盲目听从公众、书本和教师的结论，永不止步，不为传统的思想和方法所禁锢，乐于发现问题和思考问题，敢于质疑和批判，擅长创造和创新。对于创新而言，创新意识十分关键，一个人如果缺乏创新意识，就无法获得创新成果。因此，在进行创新教育的过程中，必须对学生进行创新意识的培养。

2. 培养学生的创新性思维能力

创新性思维展开来说，包括求异思维、求同思维、直觉、灵感和创新想象。

对于创新而言，创新性思维能力居于核心位置。对于创新性思维而言，发明创造和创新是成果，有了创新性思维，才能够有发明和创新。本质上看，创新性思维是人脑两半球的机能，开展创新性教学要对学生进行创新性思维的训练，使人脑两个半球的潜能得到最大限度的发挥。

3. 传授发明创新的技巧和方法

创新不是一个口号，而是一种实在的行为，其成功离不开创新方法和技巧。人们已归纳和总结了众多发明创造的技巧和方法。例如，奥斯本提出9种创新技巧，考巴克在奥斯本的9种技巧的基础上又提出35种附加技巧；戴维·斯特拉维提出66种技巧；阿里特舒列尔总结出40种基本技巧等。目前，国内外学者提出的创新的技巧和方法已达300余种。在创新性教学过程中，这些发明创新的技巧和方法应让学生学习和训练，以提高他们发明创新的能力。

第三节　创新教育的内容

一、创新的教育观念

目前，传统的教育观念、人才观念在人们的思想认识中根深蒂固，面临21世纪知识经济对创新人才的教育培养目标，人们的思想观念很难迅速改变与适应。所以，为了将创新型人才培养落到实处，应当坚持创新的教育观念。

（一）创新的价值观

创新的价值观，指的是正确而全面地对创新于社会进步、个体发展的重要性和作用形成认识，每个教育行业的工作者和每个学生甚至每个社会公民都从心底里认识到创新的价值。基于国家层面，必须将培养民族创新素质作为重要工作内容，认识到其在实现民族兴旺发达中的基石性地位，将之视为增强国力和竞争力的重要途径，将之视为民族不断发展的力量源泉，将之视为民族进步的核心，在教育事业建设中，将民族创新素质提高放在关键地位。基于个人层面，应当认识到人最具价值的能力就是创新素质，应将此视为对自我的不断突破和超越，从而实现发展的体现，应认识到创新能力既是智力特征，也是人格特征与精神状态及综合素质的体现。基于教师层面，应当坚持发展学生创新能力的教育观，竭尽所能促进学生创新能力的提升，将之作为自己最大的教育目标。作为学生而言，如果他们没把自身创新素质的发展看作是努力追求的目标，那就是缺乏理智的典型表现，他们不仅是对自己缺乏责任感的人，同样也是对社会缺乏责任感的人。从学校的视角出发，其教育目标中如果没有培养学生的创造能力，为学生创造一个良好的学习环境和氛围使其创新素质发展，就不可能成为一个成功的学校。总而言之，要让全体社会人士，特别是教育人员和大学生以创新荣，并将持续探索、主动创新、促进社会发展视为自己的神圣责任和义不容辞的责任。对全社会的创造性素质的发展而言，这种创新价值观念能够产生一种持久而强大的促进作用

在确立创新价值观的过程中，还要认识到创新素质的可塑性，揭开创新素质培养的神秘面纱，形成科学的人恩施。陶行知先生曾经说，社会中无处不是创新的地方，每一天都是创新的时间，每一人都是能够进行创新的人。这体现了每一个人在创新方面都存在潜力。这一点在很多科研成果和教育实践中都得到了证实，只不过个人创新潜力的表现都存在差异。作为教师，要相信并尊重每一位学生的创新潜能，并坚信在适当的教学方法下，他们的创新潜能是可以激发出来的。

（二）创新的教育功能观

创新的教育功能观，需要我们重新认识教育职能及其性质。现代的教育应当从“传道、授业、解惑”的功能中走出来，以培养学生的创新素质为教育使命。以教育为工具，以创新能力培养为目标，才是现代教育的本质的体现。1972 年的国际教育开发委员会中，联合国教科文组织作出的“学会生存”的报告中，曾经说过，“人们愈益要求教育把所有人类意识的一切创新潜能都能解放出来”“人的创新能力，是最容易受文化影响的能力，是最能发展并超越人类自身成就的能力；也是最容易受到压抑和挫伤的能力。教育具有开发创新精神和扼杀创新精神这样双重的力量”。这说明了，教育对于学生创新能力的培养而言，是有利有弊的，要想发挥其利规避其弊，正确认识教育十分关键。只有当我们从思想层面上深刻地理解了教育对于培养学生创新能力的重要性时，才会主动地去探究出教育中能够提升培养学生创新能力的正面因素，从而避免了传统教育中不利于培养学生创新能力的负面因素。同时，在我们的教育活动中，会不知不觉地滋生出一些负面的东西，阻碍学生的创造力的发展。皮亚杰也曾经提出，教育的首要目的，

不是要重演前人的工作，而是要培养有创新能力的人，要把教育由传统的以传授、继承已有的知识为主的功能模式，转移到强调学生的创新精神和创新能力的功能模式。

（三）创新的人才观、学生观和教师观

进入 21 世纪后，创新实力在各国和各民族之间的竞争中的作用越来越突出，逐渐成为其中的焦点。在这种情况下，社会对于人才的要求随之变化，新的人才观更加重视创新精神和创新能力：将创新型人才视为推动社会的发展的主要力量。著名的计算机专家谭浩强教授主张，当今社会，人们眼中的人才的评价标准，已经不再是过去的知识积累，而是对知识的检索能力，以及对知识的创新能力。把以前不懂的东西用最快的速度、最快的方法学会，这就是一种本领；人们应当基于这种本领对个人知识进行丰富，对知识结构进行优化。21 世纪，如果学生的好成绩依靠的仅仅是机械的背诵和记忆，是不会有大的发展前景的。这说明，知识经济时代的人才标准，比以往有一个根本性的变化。在新的人才标准下，对学生、对教师和对学校的认识和评价，必然会有所转型。

所谓的好学生的评价标准，不应该是传统教育中的“听话”“顺从”，而要关注被认为是“小聪明”和“钻牛角尖”的特质。具有这些特质的学生通常敢于质疑书本，乐于尝试新思路，研究新方法，不怕失败，因而易于形成开拓创新的学习素质，通常能通过创新性的方法完成学习任务。大量的事实显示出，这类学生毕业后，在工作中展现出的创新意识和能力比一般的学生要更加突出。大学生是最容易被塑造和培养的，因此全社会要为他们创造有利于其创新能力培养的环境，让全体学生能够适应新的社会人才标准，尽情地发挥自身的个性，形成强烈的创新热情，并逐渐养成勇于创新的人格特质，最后发展为社会需要的真正的人才。

除此之外，在开展创新教育的过程中，对教师也有较高的要求，其应当以自身的创新去带动学生的创新，一味因循守旧、照本宣科的教师是无法培养出具有创新素质的学生的。教育改革的深化要求转变传统的以教师、课堂和教材为中心的教学模式，要求教师转变自身的学生观、教师观和教学观，在教学实践中创新教学思路和方法，激发学生的学习能动性，创新积极性，开发其创新性思维，从而强化其创新素质。教师应当摆脱以往的知识灌输者的角色，成为学生探究式学习、自主性学习的引路人和辅导者，将教学的重心放在对学生创新素质的培养上，

成为创新型教师，符合创新教育的要求。学校是学生学习的主要场所，也需要转变自身的定位，为知识传播的场所，变为培养创新型学生的摇篮。

总而言之，理念先行，在创新的教育理念的正确引导下，创新教育才能够朝着正确的方向发展，才能收获良好成效，才能够更好地培养创新型人才。

二、课程内容的创新

面临时代对学生创新素质发展的迫切要求，实现我国各级各类学校的课程创新，已经成为目前创新教育急需解决的一个重要问题，也是实施创新教育的一个重要突破口。

（一）现行课程设置中存在的问题

课程设置是否科学合理对学生创新素质的发展具有重要的作用。从目前来看，我国的课程设置在培养学生创新素质方面并没有最优化地发挥作用，甚至在一定程度上阻碍了学生创新素质的发展。

1. 课程内容具有明显的滞后性

这与创新教育对教育内容所提出的新颖性特征形成了强烈的反差。有的教材十几年甚至几十年还是同一版本，这不论在小学、中学及大学中都有所体现。社会在不断发展，信息在不断变化，学生也在不断变化发展，而我们的教材还是旧面孔，以不变应万变，缺少新鲜的活力，过时陈旧的信息直接导致学生创新思维的僵化。

2. 课程内容具有明显的空洞性

创新不是没有根由的空想，而是扎根于社会的需要，在社会实践中形成，并经由其检验，为其服务，但我们的教育却又暴露出教育内容严重脱离生活、脱离实际的弊端，为学生创新素质的发展加上了一道无情的枷锁。学生整日置身于书海之中，空洞的理论、烦琐的公式把学生与外界完全隔离开来。学生的学习负担在不断加重，学习难度在不断增加，但是学生在解决实际问题时，却又束手无策，可能仅有的一点创新智慧的火花也早已在深奥难懂的书海挣扎中湮灭了。

3. 课程结构具有明显的单一性

普遍存在着重视学科课程，忽视实践课程；重视必修课程，忽视选修课程；

重视单科课程，忽视综合课程等倾向。基于我国目前的教育内容和课程体系存在许多主客观方面的不利因素，已对学生创新素质的发展造成了难以突破的障碍。

（二）课程改革的方向

1. 课程内容应该体现时代性

超前性与新颖性是创新的重要特征。所以，要想对学生进行创新能力的培养，进行创新教育，就应当为让学生提供最新的知识，使之对国际前沿的发展趋势有一个清晰的认识，让他们的知识层次和结构能够大致跟上国际先进水平。只有这样，学生才能基于原有的知识实现突破与创新。情报学者的调查显示，相比同时期的科技发展而言，教材中的知识往往落后至少 5 年，这也是为什么学校教育中多数课程内容非常陈旧。这就导致学生就算能够将课程中的知识完全掌握，在这些陈旧的知识的基础上也难以有所创新，这就对学生接受新的信息造成很大的影响，也会对学生的开拓意识和拓展能力造成很大的伤害。因此，创新教育课程改革应当注意对课程内容的时代性：首先，应当及时更新教材内容，跟上知识的更新，教师在课堂教学中也要对前沿科技发展作出拓展教学，让学生形成一个动态发展的而非孤立静止的客观物质世界的观念，启发和帮助其对新的知识进行探索，强化其创新精神。其次，添加智能型结构内容，进行思维训练。如今，我国教科书的内容基本上都是以知识型为主，注重的是对知识的传授，缺少对智力、能力的开发，美国许多学校都设有思维训练课程，这是值得学习吸收的，可以在教学中增加思维训练的内容。教材编写既要以科学结论等为基础，还要添加结论的探究过程和一些拓展问题，在教学过程中，不能只教会学生知识，还要教会学生学习，传授其学习方法，探索出有效的思维训练机制。要基于学生身心发展的阶段性规律和科学逻辑顺序对教学内容作出选择和编制，形成一个最合理的内容体系。

2. 课程结构应注意广博性

人的创新能力是基于深厚的知识底蕴而建立和发展。从构成上讲，知识可以划分为两个层次，即一般知识和专业知识，创新教育需要学生在这两个层次上具有较高的知识水平。美国曾经调查过 1131 位科学家，主要关注的是其论文、成果和晋升情况等方面，调查结果显示，大部分科学家是博学型的，只有极少数是擅长某一领域的专家。所以，美国要求除了强化基础教育之外，还要大力发展“百科全书式”教育。我国教育过去因为学习苏联的文理分科，所以学生主要对某一专业学科进行深入学习，形成的知识面比较窄，知识结构比较单一，这一点在高等教育中表现得尤其显著，这与创新教育对广博的知识面的要求不相适应，因而需要在教学内容突出全面性，要求不能将学生学习的知识限制在课堂之内，而要为其提供多样的机会和渠道扩大知识面，使其通过开放性的学习来推动知识的全面发展，只有这样，他们才能厚积薄发，触类旁通，成功创新。

第四节　创新教育的方法

一、创新教学方法应具备的基本要素

教学方法不仅是一种技巧，更是一种综合性能力，教师采用合适的教学方法能有效地提高学生的创新能力，反之，它会妨碍学生的创新能力的发展。当前，大学生的创造性素质较低，其中一个很大的原因就是教学手段、方法的落后。

在各级各类的学校教学中，“灌输式”教学方法仍然普遍存在，这种教学方法又可以称之为“三中心”教学方法，即“以教师为中心”“以课堂为中心”“以课本为中心”。在“灌输式”的教学方法中，教师加班加点、拼命灌输，而学生则囫囵吞枣、死记硬背。这样的教学方法形成的结果就是“高分低能”，学生的思维处于一种机械呆板的状态，缺乏适应性应变性和创新性。世界著名的音乐家陈其钢先生曾对我国的教育方法提出尖锐的批评。他认为，东西方的教育存在明显差异的一个重要方面就在于教学方法，我国的教育自小学到大学，一直沿用“灌输式”教学法，尽管在课程进度和理解能力方面会超过西方学生，但学生的创新能力则明显逊色。西方教育中提倡独立思考，让学生充分发挥他们的个性，鼓励学生提出各种问题，所以创新能力得到很大的提高。

有人曾对传统的灌输教学方法与创新教学方法进行了比较，在传统教学方法下，由于片面地强调教师的主导性和支配地位，从而大大压抑了学生的积极性、主动性和创新性，而创新教育的一个重要特征就是主体的参与性，在这样一对矛盾因素对立之中，学生的创新素质发展受到了很大的牵制和压抑。

所以，要想对学生进行创新素质培养，所使用的教学方法应当是能够促进创新的，也就是能够对学生的创新性思维进行开发，对其创新性能力进行发展。学界专家构建了大量创新性的教学方法，比情感教学法、发现式教学法、讨论式教学法、疑问式教学法、程序教学法、范例教学法及暗示教学法等。这些方法种类繁多，能够对学生的创新素质进行发展，一本具有如下要素。

（一）要注重启发引导

从其本身出发，创新这种活动就具有自主性，在创新教育中，学生的主体，教师是引导者和教学活动的组织者、设计者。传统的教育方法，往往会过分重视反复练习的方法，如题海战术，以及死记硬背和大量的抄写，这些都只偏重于记忆知识，而不利于学生内化知识，这影响了学生学习的主动性和思维的发展，导致其知识迁移能力弱化，更难以培养其创新性思维和能力。《学记》有言：“君子之教喻也，道而弗牵，强而弗抑，开而弗达。道而弗牵则和，强而弗抑则易，开而弗达则思，和易以思，可谓善喻矣。”其着重指出了启发学生的和培养学生独立自主学习的重要性，这对于当下的创新教育有指导价值。唯有采用启发式教学，才可以将学生的主观能动性和自觉性充分发挥出来，让学生在课堂中积极主动地学习，形成生动活泼、充满热情的课堂气氛，促进学生积极思考，增强自身分析问题和解决问题的能力，基于教师的启发和指导下，自主发现规律，从而有新的发现和创新。从上面关于传统教学方法与创新教学方法的比较中，我们可以明显地发现，传统的“填鸭式”灌输教学法已经成为当前学生创新素质发展的严重桎梏。要实现创新教育，必须把启发诱导的思想贯穿于教学方法之中，以创新的方法带动学生创新素质的发展。

（二）要注重民主化教学

课堂不应只听得到教师的读教案的声音，而应是教师与学生交流讨论的平台。传统的教育方法，通常是教师在讲台上单向输出，将教师的地位和作用过分突出了，而损害了学生的主体地位，限制了学生的主观能动性的发挥，磨灭了学生的创新意识。所以，应在教学方法中突出“民主性”，设计能够促进学生自由发言、积极思考的教学方法，从而创建一个民主的、平等的课堂教学环境。在课堂教学过程中，教师应采取多种方法让学生形成一种开放自由的学习态度，鼓励学生发挥个性，引导学生进行探究式学习，关爱学生创新思维的萌芽。

（三）要注重开放式教学

现在的世界，可以用日新月异来形容，21 世纪是信息化的时代，信息化技术的发展使得知识爆发式发展并且飞速传播，不断涌现新的理论、新的科技知识，也有很多科技和理论被淘汰，昨天占据前沿的技术，明天就可能变成落后的技术。所以，学校教育保持封闭，必然会被社会所抛弃，只有坚持开放式教学，在教学中联系社会现实，对新的知识、新的咨询进行拓展，使教学不被教师和教材所限制。教师也应当对学生的开放式学习技能和能力进行培训，使之能够对新知识保持开放、渴望的态度，能够通过信息化渠道接触和接纳新的知识和技术，跟上世界发展趋势，为其今后的创新提供坚实的基础。在课堂教学中，就需要应用开放式的教学方法，促进学生的求知欲和创新能力的增强。

一个“极端自由”的教育模式在美国西北的俄勒冈州兰山中学得到了实施。其中的教师不是固定的，学生之间没有年级的分别，没有条条框框，也不需要每天写功课，更不需要考试。早上的时候，学生到了学校，没有老师的命令，可以随意做自己想做学习之外的事情，如听音乐、打篮球等等。在学校里，学生不会被强制要求听课，但是，只要是对某一种知识形成了兴趣，都会积极自主地去学，并且学习非常高效。学生不是把学习当作一种负担，而是当作一种乐趣。学生对知识的好奇心总是促使他们主动探求知识，发现知识，创新能力获得很大发展。这种教学模式已经被美国多所学校所效仿实施。如萨德伯理学校，其中顺利进入大学的学生占据全部毕业生数量的 75%，超出一般高中，甚至有优秀学生考入世界知名大学。

相对于我国传统封闭的教学方式，美国流行的这种开放式的自由教学方式是否对我国培养学生的创新素质有所启示呢？我国高校教学必须要对传统封闭的教学方式进行转变，更加重视开放式教学，采取开放式的教学方法，激活和开发学生的创新性思维，提升其创新素质，可以组织多种智力竞赛、论文比赛，开讲座，鼓励学生组建科技研究小组等等。

二、基本的创新教学方法

创新教育的作用不仅作用在当下，更能够影响未来，如今已经是社会所重视的教育。开展创新教育的教学方法十分丰富，其中基本的有如下几种。

（一）思维开放教学法

在当今教育体系的改革中，为教育工作者重点关注的一个改革内容就是教学模式的改革，尤其是将思维封闭式教学改革为思维开放式教学。思维开放式教学指的是鼓励学生不将学习的重心放在对教材中的标准答案或教师提供的结论的机械记忆上，而是更加侧重于自主探索各种可能的答案或结论。这种教学模式强调学生需要关注知识的变化和演进，并要求学生把关注点放在能力结构的灵活性和稳定性上。这种方法能够有效地解决老旧的教学方式所存在的封闭和僵化的问题。事实上，奥斯本所发明的“智力激发法”即为这样的教学法。将之用于创新教育，可以激发学生的创造性思维，引导他们发散思维，充分思考后再进行评判，从而在众多的发散思考结果中自由、正确决策。

（二）情景交流教学法

这种教学方法利用相关条件，构建与教学内容相关的逼真场景，让学生沉浸其中，通过亲身体验和深度感受，同步学习知识并拓展潜能。现代教育实践表明，如果我们能在教学过程中创造一种与教材相关的、丰富的心理环境，让学生在认知和情感上接收到充足的刺激，那么他们就能够在一种虚拟的心理环境中，产生类似的思维和情感体验，从而加深对所学知识的理解和应用能力。通过这种方式，我们的教学效果将得到显著的优化。因此，创新教育高度重视并鼓励采用这种教学方式。

（三）实验探索教学法

教学研究与科学探索之间存在紧密的联系，不能将它们割裂分开看待。在创新教育中，重要的是将学生置于核心位置，通过教学促进学生创新思维和创造力的发展。为此，我们需要深入探索其规律，将教学视为一种科学研究的“模拟”。实验探索教学法的核心是将教学与实验和科研紧密融合起来，在教学过程中充分运用实验和科研的手段，相互促进、共同提高。

（四）系统思考教学法

系统思考能够促进创新。在创新的过程中，我们经常使用各种技巧方法，如检核目录法、综摄发明法、特性列举法、缺点列举法和形态分析法等。这些方法都是基于系统思考的原理，能够帮助我们更好地进行创新和发明。系统思考教学法旨在结合有效的方法，应用于创新教育的教学过程中，以培养学生的系统思考能力和习惯。通过整合或综合个别知识，学生可以更好地掌握新知识，获取新能力。

（五）社会参与教学法

社会是激发创新的巨大源泉，同时也是展现创新的巨大平台。社会中存在着数不尽的创新课题和机遇，只有那些勇于融入社会、致力于创新的人才有机会真正取得成就。创新教育鼓励采用“走出课堂，请进社会”的教学方式，将课本知识与社会实践相结合。学生需要承担社会责任，了解社会的需求并积极参与社会活动，进行社会服务。如此一来，学生不仅能够在实践中掌握教材中有的内容，还能在创新中掌握教材中没有的内容。

（六）启发式教学方法

启发式教学方法注重学生主动参与学习，教师以实际情境为基础，引导学生主动发现问题、思考问题，从而激发学生的创新思维。以下是教师在教学中经常采用的启发式策略。

第一，比喻启发，引起想象。形象的比喻具有神奇的力量，能诱发学生的创新想象。例如，陶行知先生把束缚儿童创新力的迷信、成见比喻为“要不得的包头布”，要人们“把它一块一块撕下来，如同中国女子勇敢地撕下了裹脚布一样”。

第二，现场启发，激发兴趣。上海一小学生发明“多用升降篮球架”，就是一次冬季体育课上老师现场启发的结果。篮球架高大，不适合不同年级不同身高的学生。老师说，要是哪位同学能发明一个能升降的篮球架就好了。于是这位学生便受到了启发，发明了可升降的篮球架。

第三，通过视听信息，刺激人们的想象力。通过运用现代化教学手段，教师把生动的动画和美妙的音乐呈现给学生，让抽象的概念变得具体可见，静态的知识变得生动活泼，无声的内容变成了有声的故事，从而拓宽学生的思路，激发学生的想象力。

第四，用问题激发灵感，引发思考。“思源于疑”，提出疑问是开启创新的重要途径。解决问题往往只需要掌握一项技能，但提出新问题或新的可能性则需要具备创新性的想象力，从不同的角度重新审视旧问题。教师应该不仅要擅长引导学生思考有启发性的问题，还要积极鼓励学生勇于质疑和困惑。

第五，学法（学习方法）启发，启迪内因。教师不要教给学生死的知识，而要授之以活的方法，让学生自觉地、积极地、创新性地学习。

第六，练习启发，重在创新。在练习中不仅要培养学生的技能技巧，而且要培养学生的智力、创新力，这就要求练习多样化，既求异又求同。

三、改进教学方法，促进创新能力的发展

（一）变传统的知识传授过程为“解决问题”序列的探究过程

在教学中，学生所接触的知识都是历经人类长时间积累和磨炼的间接经验。因此，让学生能够迅速理解这些成果或者按照一条“直观、流畅”的路线反复推演最初的科学发现过程，无疑可以提高学生的知识水平，并且具有高效的教学效果。与此同时，有意地引入一些需要学生独立思考并解决的问题，使其在解决困惑的过程中开辟新思路，这对于提升学生的创新技能十分有益。科学家在进行发明创新时，通常只向外界展示成功的成果，而那些被弃用的中间假设往往遗失在了角落里，这是非常遗憾的，因为它们蕴含了许多有益的经验教训。因此，在教学中，我们应该有意识地把一些要解决的概念和规律包含在“解决问题”的序列中，让学生在解决问题的过程中重新发现和解决这些概念和规律，这样就可以把学习概念和规律的过程转变为创新思维活动过程，增强他们的创新思维能力，并提高他们的创新能力。在使用“解决问题”序列的教学过程中，需要重视学生问题意识的培养，引导他们不断提出有意义的问题。还要鼓励学生勇敢迎接挑战，并寻求突破困境的新思路。

（二）设计利于创新教育的课外作业

首先，作业的设计应该避免单调无趣的重复和机械式的训练。作业形式应该创新，充满趣味性，以激发学生完成作业的兴趣，并让学生认为完成作业是他们内在需求的一部分，从而产生一股强大的内在动力。唯有如此，方能激发学生自发、深入地观察分析和思考。

其次，作业的设计需要具有一定程度的难度和挑战性。完成挑战的感觉让人愉悦，作业设计应基于课堂教学，能够巩固课堂所学知识、技能、技巧，加深学生的印象，同时又要稍微超出教材，让学生更好地提高分析和解决问题的能力。

再次，需要提高实践操作的比例来设计作业。实践操作可以激发创新的渴望和灵感，同时可以促进各种感官协同作业，也有效地刺激了大脑，使其保持高度兴奋状态，从而更好地吸收知识。

最后，教师必须更加努力地辅导学生完成课外作业，鼓励他们打破既有的思维模式，尝试从多个角度积极思考问题，培养他们的创造性思维能力。此外，教师还应鼓励学生对各种新颖的想法进行分析、整理和评估，以提升他们的思维与分析能力。

第五节　创新教学的原则

一、知识和智力并重的原则

智力的发展有助于知识的掌握。智力发展较好的学生，接受能力强，掌握知识牢固，能够举一反三，自觉地、积极主动地、创新性地学习，探索真理；反之，如果学生智力发展较差，就不能牢固地掌握知识，也不能举一反三及创新性地解决问题。

创新性教学中贯彻这一原则时要做到以下几点。

（一）认识到知识和智力同等重要，不可偏废

知识和智力互为条件，相辅相成，互相促进，两者既不可割裂对立，互相排斥，也不可彼此混淆。片面强调任何一方，必然适得其反，降低教学质量，不利于培养学生的创新能力。

（二）实行“启发式”教学，促进学生智力发展

知识不等于智力，如果教师进行“填鸭式”教学，学生只知机械记忆和搬运知识，即使他们头脑里被填满了一大堆知识，也不会发展智力，而往往会变成“书

呆子”，这种“死读书，读死书”的后果是“高分低能”，与创新型人才是不沾边的。教师只有实行“启发式”教学，善于启发学生思维，引导学生自觉地、积极地进行学习，正确理解知识，掌握获取和运用知识的方法，才能有效地促进学生智力的发展。

（三）教给学生系统的科学的规律性的知识

并非所有的知识都能促进学生的智力发展，有些零碎的、不严谨的、没有系统化的知识教得过多，反而增加学生负担，影响其智力发展。例如，识字一个一个地教，阅读一篇一篇地从范文中学，甚至学数的组成也是一句一句地背诵口诀等，都将使学生的记忆负担加重，而智力的主要要素——思维能力却得不到训练和发展。

那么，什么样的知识才是系统的科学的规律性的知识呢？我们认为，系统的、科学的、规律性的知识就是各门学科的基本结构。美国著名的心理学家布鲁纳说过：“不论我们选教什么学科，务必使学生理解学科的基本结构。”所谓基本结构，指的是普遍的强有力的适应性的结构。其具体表现就是每门学科的基本概念、基本公式、基本原则、基本法则等。布鲁纳认为，学科的基本知识乃是基本结构的“特例”“具体化”“变式”“多样表现”。反过来，基本结构则是基本知识的概括、抽象、内在制约者、发源、本质……他认为学生掌握基本结构有利于知识的迁移、智力的发展。我国一些优秀教师的先进教学经验表明，让学生掌握学科知识的基本结构，确实有助于发展他们的智力。例如，有的教师利用形声字结构进行集中和分散的识字教学，极大地促进了学生的智力发展。当学生掌握了“声旁表音，形旁表意”的构字规律后，就能独立运用推理的方法来判断字的音、形、意，举一反三，认字速度提高很快。

可见，教师认真研究自己所教的学科的基本结构，教给学生系统的科学的规律性的知识，学生就可以举一反三，闻一知十，触类旁通，最大限度地发展智力。

二、博采知识与培养创新能力相统一的原则

知识与创新能力的关系如同知识和智力的关系一样，系统的知识是创新能力发展的必要条件，创新能力高的人必然博采知识，并从事更高层次的发明创新活

动，两者互为条件，相辅相成，互相促进，相互提高。例如，19世纪初，病人经手术后，伤口化脓十分严重，对生命有很大的威胁。英国外科医生里斯特日夜思索化脓的原因，尽管里斯特创新能力较强，但百思不得其解。后来幸亏读到法国细菌学家巴斯德的著作，从中了解到“细菌是腐败的真正原因”的知识后，才深受启发，终于发明了用石炭酸水杀菌的消毒方法。

创新性教学中贯彻这一原则时要做到以下几点。

（一）要让学生博采知识

知识是创新能力发展的根本条件。知识贫乏，头脑中只有零碎的、低级的、自然状态的知识堆积，而没有系统的、科学的、规律性的知识，便不可能创新性地分析问题和解决问题，并作出发明创新。尤其在当代，科学在加速发展，专业分工越来越细，各学科知识信息在成倍增加，文化周期又在缩短，有人认为难以掌握大量的知识，于是局限在自己的专业圈子里，故步自封，这样做很难作出较出色的发明和创新。只有博采大量的知识，量变引起质变，思维才能得到进一步丰富，新联系、新设想、新观念才会在头脑中不断涌现，才会不断作出发明及创新。特别是那些具有广博的知识或掌握了许多交叉学科、边缘学科知识的人，更能作出出类拔萃的发明创新。控制论创始人维纳说：“在科学发展上可以得到最大收获的领域是各种已建立起来的部门之间的被忽视的无人区……到科学地图上这些空白地区去做适当的查勘工作，只能由这样一群科学家来担任：他们每人都是自己领域中的专家，但是每人对他邻近的领域都有十分正确的和熟练的知识。”维纳和他的同事正是在数学、生理学、神经病理学等学科的边缘交叉地区奠定了控制论的理论基础。由此可见，在创新性教学中，教师应鼓励学生博采大量的知识，“厚积才能薄发”。

（二）引导学生灵活应用知识

没有知识就很难有创新力，但是有了知识也不一定会有创新力。如果把知识当教条，死记硬背，生搬硬套，便会被知识所奴役，头脑就会僵化，即使高分也是低能，不会发明，不会创新，对人类社会不会作出什么贡献。

在教学中，教师要引导学生灵活地掌握和运用知识，读活书，加深理解，掌握规律，提高学生分析问题和解决问题的能力。

三、教师的精心教授与学生的独立思考相统一的原则

教学是师生双边的教育活动。教师要精心教授；学生要独立思考。因此，教师必须精心备课，精心讲课，精心批改作业，精心辅导学生。然而，教师教学毕竟只是给学生指明一个前进的方向，路还得学生自己去走，路途中的困难和挫折还得学生自己去克服。而这一切，都得靠学生自己独立思考，任何人都包办代替不了。

创新性教学中贯彻这一原则时要做到如下几点。

（一）教师传授的内容必须适合学生的接受能力

教师教学时必须对学生独立思考有充分的认识。学生是学习的主体、学习的主人。教学的效果最终要落实到学生的学习上。

教师教授的内容不能过难，也不能过易。过难，学生听不懂，学习过程中便会感到兴趣减少，从而失去学习的信心；过易，学生会轻视学习，失去学习的兴趣。因此，教师教授的内容要难易适当，要善于进行创新教学，要有一定的“信息差”，使学生感到教师教授的内容像树上的桃子一样“跳一跳才可以摘到”。唯其如此，才会使学生感到学习本身的趣味，才能使他们的学习由死记硬背变成富有意义的学习，才能启发学生的独立思考，培养他们的创新性思维能力。

（二）教学要生动形象，切忌平铺直叙

教师要善于创设教学过程中的问题情境，恰到好处地提出一些富有启发性的问题让学生独立思考。例如，有位特级教师教“摩擦力”一课时，精心创设了一个启发学生思考的问题情境：在非常光滑的水晶路面上，有一个静止的一吨重的大铁球，一只蚂蚁正在用力推大铁球，能不能推动大铁球呢？像这样的问题情境既新奇又有趣，能激发学生思考，使学生积极参与到教学过程中去，变被动地接受知识为师生之间的双边活动，能最大限度地培养学生的独立思考能力和创新能力。

四、全面要求与因材施教相统一的原则

创新性教学应面向全体学生，既要使他们尽可能达到统一标准并得到全面发

展，又要承认学生的个别差异，针对不同学生的特点，采取不同的教学措施，使每个学生的创新性才能都得到充分发展。

对学生要有一个全面要求。必须把学生无一例外地培养成所需要的创新型人才。学生虽然有千差万别的个性，但也有共性。这种全面要求不但必要，而且可能。若没有全面要求，就会使创新教育偏离正确的轨道，降低创新教育水平。但仅仅全面要求，不因材施教也不行，两者必须统一起来。由于遗传、环境和教育错综复杂的影响，每个学生的个性特征和发展

水平有差异，若用同一个模式培养学生，必将使有特殊创新才能的学生遭到埋没，创新才能较差的学生又将遭到淘汰。所以，创新性教学中要遵循全面要求与因材施教相统一的原则，长善救失，各尽其才，不拘一格，使每个学生的创新才能都得到充分、自由的发展。

为了很好地贯彻全面要求与因材施教相统一的教学原则，有两点要求必须注意到。其一，教学要面向全体学生，兼顾两头，让所有学生都能得到发展。其二，正确对待学生间的个别差异，尤其要正确对待那些有特殊能力的学生。对优秀生可以举办科技开发、发明创新讲座，广泛介绍当代科学技术发展的新成就、新动向、新发明、新创新，以激发其学习与创新的兴趣，使其树立献身人类发明创新事业的志向。要组织他们参加课外及校外学科活动，从事小发明、小创新活动，激发创新意识，培养创新能力。学校图书馆、实验室要向他们开放，有条件的学校可以聘请科学家发明家，对他们进行个别指导。对差生应适当降低教学要求。不论答问作业、实验都设法使他们获得一定程度的成功，及时给予激励，加以表扬，使他们感受到紧张智力劳动后成功的愉快，从而激发他们强烈的学习动机及浓厚的认识兴趣。在他们掌握一定基础知识和基本技能的基础上，教给他们发明、创新的技巧和方法，让他们从事一些力所能及的小发明、小创新。教师应针对他们的不同特点，加强指导和辅导，培养他们的创新意识和创新能力。

五、教师主导作用与学生主体作用相统一的原则

教师主导作用是指在教学活动中，教师处于主导地位，学生只有在教师的教导和帮助下，才能以最短的时间、以最高的效率掌握人类创新的科学文化知识，

迅速提高自己的发展水平，成为社会所需要的创新型人才。因此，学生学习的主动性、积极性和创新性发挥得怎样，学习效果怎样，是衡量教师主导作用发挥得好坏的重要标志。

学生的主体作用是指在教学过程中，学生是学习的主体，是学习的主人，必须充分调动学生学习的积极性、主动性和创新性。在教学过程中，只有充分做到教师主导作用和学生主体作用相统一，才能获得最优化的教学效果。创新性教学中贯彻这一原则时要做到以下几点。

（一）教师要引导学生进行探究的学习

在教学过程中，学生掌握知识技能有两种方式，接受的学习及探究的学习。学生通过教师的传授而理解并掌握知识，是接受的学习；教师引导学生探究一些问题，启发他们发现人们已经发现的真理。探究学习能充分发挥学生学习的积极性、自觉性和创新性。

（二）培养学生浓厚的学习兴趣和强烈的求知欲望

兴趣是学习的动力，求知欲望是探求真理的一种富有感情色彩的心理倾向。浓厚的学习兴趣和强烈的求知欲望是提高学习积极性、自觉性和创新性的重要因素，也是学生有所发现、有所发明、有所创新的前提。

要想培养学习兴趣和求知欲望，必须激发求知的需要，使学生产生满足求知的动机。因此，教师要经常对学生进行学习目的教育，从而使他们产生正确的学习动机。同时，教学方法要多样化，要保护学生的好奇心，鼓励他们大胆地提出问题，进行创新性思维活动，培养学生主动探求精神，激励他们把自己的学习和社会发展的需要联系起来，使学习兴趣和求知欲望向更高程度发展。

（三）发扬教学民主，实现心理相容

发扬教学民主，实现师生心理相容，是教师的主导作用和学生主体作用相统一的有力保证。教师热爱学生，学生尊敬教师，师生心理相容、关系密切是教学民主的体现。教师对学生要严格要求，尊重学生、耐心教诲、热情帮助、精心培育。在充分发挥教师主导作用的前提下，充分调动学生的主体作用，要相信学生，多方面鼓励学生大胆提出问题，发表自己的看法。

六、理论与实践相统一的原则

理论与实践相统一的原则反映了教学过程中学生认识过程的一般规律，是教学达到最优化效果必须遵循的教学原则。该原则要求：必须在理论和实践相统一的过程中传授和学习理论知识，使学生能真正理解理论，懂得理论在实际中的运用，并能形成必要的技能、技巧和实践能力。

创新性教学中贯彻这一原则时要做到以下几点。

（一）要重视理论知识的指导作用

理论和实践相统一的目的是使学生在理论知识的指导下，通过在实践中的运用，加深理解和巩固理论知识，形成创新的基本技能和技巧。因此，教学中要切实抓好理论知识的传授，打好基础。只有在理论知识指导下的创新实践中，学生才能较快地掌握有关的创新技能和技巧。

（二）要重视学用结合

教学中必须创新多种多样的实践形式，如实践、实习、练习、生产劳动、发明创新等。这些实践形式，由半独立到独立，由简单到复杂，由校内到校外，尽可能使学生动手、动口、动脑，让他们真正体会到理论知识对于实践的指导作用。要防止从理论到理论，从概念到概念的教条主义的教学。

（三）有计划、有目的地联系实践

教学中理论联系实际的目的有两条：一是理解和掌握基本理论知识；二是运用理论知识于创新实践活动。不同学科或同一学科的不同内容，联系创新实践的内容有所不同。例如，语文教学一般是联系创作实践，让学生创作诗歌、散文、写小说等。数学、物理、化学教学不妨让学生运用所学的理论搞一些小革新、小发明、小创新等活动。

（四）重视通过学生的独立思考和独立工作去完成理论联系实践

教学中教师要创造条件，通过感性的认识活动，让学生自觉地、积极地去观察、思维，从而达到教学目的，使学生的独立探究和创新能力得到发展。

第六节 创新教育的运行机制

系统论认为，社会系统的有效运行必须依靠保证其有效运行的机制。创新是人对自身本质力量的开掘。从个体来看，创新是人对一定生命形式的超越，从群体乃至社会来看，创新则是对必然和客观世界的超越。而就创新的整体而言，这种超越的完满实现，必须通过全人类的创新——绝不是通过少数几个个体的创新所能达到的。现代人类孜孜追求的重要目标，不仅是要把创新作为一种静态来观照，而且是要把创新作为一种动态来感受；不仅是要把个体的活动提升到创新性水平，而且要把人类整体的生命活动都提升到创新性水平。那么，怎样才能提高人类活动的创新性呢？这不仅需要提高人的个体素质，帮助人们提高对创新的认识，获得进行创新性活动的技术，而且需要人们有意识地营造有利于创新性活动的环境，特别是创建有利于并保证人们具有持续创新性的有效机制。良好的机制是保持人们的创新性永不停息的生命线。创新教育同样需要一个良好的运行机制。研究创新教育运行机制的目的，是为了通过对构成创新教育的各要素及其关系的分析，为创新教育选择一个保证其有效运行的机制，促进其有效发展。

系统论认为，系统的功能不但取决于系统的组成要素，而且取决于系统诸要素的结构。创新教育过程是师生利用自身潜能充分发挥创新性的过程，是教的创新性与学的创新性的有机统一。一方面，创新性教与创新性学作为构成创新教育的基本要素，必须先实现“自我完善”，形成一个相对独立的系统；另一方面，创新性教与创新性学必须是密切联系、相辅相成、有机统一的。创新教育作为一种教学双边活动，需要师生双方劳动创新性地结合，居于主导地位的教师的创新能够激发学生的创新欲望，开启学生的智慧，磨炼学生创新的意志，与此同时，也实现了教师自我人格的完善。而学生的创新则不仅增强了学生主体的创新信心，而且以其自身独特的形式完成了增长知识和才干的任务，通过师生的有效交流，在同一过程中逐步实现了个体社会化。

一、创新性教

教师的创新性教发挥着主导作用，是学生创新性学习的前提。要使学生的学习过程成为充满创新性的过程，教师的教学过程首先必须具有强烈的创新性。对此，许多教育家早就注意到了。那种抱怨学生缺乏创新性的教师，是没有认识到或放弃了自身激发学生创新性的责任。缺乏教的创新性就无法营造创新性的教学氛围。而创新性的教学氛围不仅是创新教育不可缺少的条件，也是教育过程是否具有创新性的标志。

创新教育的基础是教师教育活动的创新性。任何富有成效的教育都离不开教师的创新性。教师教的创新性集中表现在教学技巧，即教师运用系统的理论知识、成功的教育经验及综合运用各种教育方式方法解决教育教学问题的才能上。教的创新性的最高境界，是教师科学地、熟练地、富有个性地运用教学技巧——使教学技巧的运用达到艺术化的境界，实现教学科学性与艺术性的统一。创新性教育活动常常通过教学的环节和某些方面表现出来。例如，教育过程的有效组织、教育内容的科学处理、教学方式的恰当选择。教学方法的灵活运用、教学机制的权宜应用、教育情感的有效调控，以及教师劳动形态的塑造等。在现代社会，教师教的创新性已经超越了古代教师的狭隘的个人经验和悟性，它是科学理论指导下的教学艺术的灵活运用。包含了教师在组织艺术、讲解艺术、启发艺术、表演艺术、鼓励艺术、批评艺术和调控艺术等方面创新性的富有个性的表现。很显然，教的创新性植根于丰富的教学实践。只有那些富有经验，善于思考，并成功地把教学理论、教学经验用于解决具体问题，从而使教育教学活动具有一定个性的教师，才会使教育活动富有创新性，直至达到某种艺术境界，形成教师个体的教学风格。

教的创新性不仅表现为教师由于创新性劳动而获得的成就感，而且可以使学生在接受教育的过程中领略到教师创新性劳动而表现出来的教学艺术美。在教师创新性的教学活动中，随着教育活动的开展，学生既学到了知识，增长了才干，也在不知不觉中感受到了人的本质力量的出色表现以及由此带来的深刻的美感体验和愉悦。至此，创新性教学与“愉快教学”实现了有机统一。

创新教学还应当是教学的科学性与艺术性的统一，它与那种为了取悦学生而玩弄“技巧”的庸俗教法有天壤之别。应当明确，脱离科学性的，为了生动而生动，把教学等同于演戏的做法，非但不是我们追求的目标，无助于创新教育，而且与其出发点也是背道而驰的，将导致学生对教师劳动的片面认识。创新教育集中体现为教师在整个教育劳动过程中富有个性的创新精神，显示出他们积极的教育情感、敏锐的教育感受力、丰富的教育想象力和深刻的教育思维力。教师劳动的创新性并不是偶然地表现于某个教学片段、某方面教学内容中，而是体现在教师劳动的全过程及教学实践的各个领域。创新教育并不神秘。教的创新性并不是一种静止不变的理想要求，它植根于教育实践，是随着教师创新素质的提高而不断动态完善的。

创新性教学过程的基本阶段划分为以下五个阶段。

第一阶段：创设情境。教师有目的、有意识地创设能激发创新意识的各种情境，促使学生产生质疑问难、探索求解的创新性学习动机。创新性思维活动的表现需要有一定的激发条件，要求教师在教学中设置问题情境，营造一种学生能够明显意识到的疑难情境，使学生产生认识上的困难或困惑，从而激发他们去进行创新性的探索。

第二阶段：问题定向。在全面分析问题情境的基础上确定需要解决的实质性问题。能否提出问题，与学生对创新性学习的积极态度有密切的关系。学生的探究积极性越高，创新的激情越强烈，就越容易从问题情境中辨识出问题的实质。

第三阶段：多向求解。在这一阶段，创新性教学过程所要求的任务是：针对问题定向阶段提出的实质性问题，提出创新性的方案和办法。多向求解阶段，实际上是“尝试—错误”的过程，是使创新性解答的迫切需要与原有的经验、办法、原理之间产生矛盾的过程。

第四阶段：突破创新。在这个阶段所要完成的任务是，突破陈旧观念和思维定式的束缚，创新性地提出新的观念，并用新观念将已有的相关知识组织起来，使之系统化、条理化，从而形成解决问题的新办法、新技术、新理论或新的艺术作品。

第五阶段：验证反馈。在第四阶段产生的创新性成果，是否具有真理性，还必须经过实践的检验。

二、创新性学

学生的创新性学对创新教育过程的开展同样具有重要意义。学生的创新性学是对教师创新性教的呼应与强化，它不但对学生自身发展具有重要意义，而且提高了教师的创新信心与教育成就感。学生学的积极性、创新性不仅直接影响并最终决定着个体的身心发展水平，也是衡量教师创新性教的主导作用是否有成效的重要标准。应当明确，师生双方的积极性、创新性都是创新教育的必要条件，其中任何一方积极性、创新性的损伤，都将削弱或破坏创新教育的有效进行。只有师生积极合作才能取得整体功能。因此，在创新教育中，既要防止忽视教师主导作用的倾向，也要防止忽视学生积极性的倾向，使教的创新性与学的创新性实现有机统一，推动创新教育的顺利开展。那种认为只要有了教的创新性，创新教育就自然形成的看法是形而上学的。有人认为，创新是指那些在各个领域所进行的前所未有的开拓性劳动，如科学家的发明、艺术家的创作等。诚然，创新首先是这些能够带来巨大经济、社会效益的活动。但是，创新绝不仅限于此。创新活动的形式是多种多样的，并且可以分为若干层次。创新理所当然地应当包含那种显现了主体本质力量，在相应领域取得较大影响的、具有较强个性化的实践活动。与教师的创新性劳动一样，学生的学习同样是一种艰苦的智力劳动，也是可以具有创新性的。所不同的是，与其他领域的创新活动尤其是科学家的创新相比，学生的创新是在教师指导下进行的，其目的不是创新客观世界而是创新主体心理世界中前所未有的东西。

学生学的创新性主要是指学生主体的创新意识、创新态度、创新思维及运用对个体来说前所未有的手段和方法解决学习中的具体问题。

在创新性学习活动中，学生具有强烈的创新和标新立异意识，各种体力与智力潜能特别是心理潜能得到充分发挥，并协同作用于学习活动，使主体的本质力量得到充分实现。显然，不能把学生的创新性与科学家的创新性相提并论。前者注重的是活动过程的创新性，注重活动对于主体的精神意义，后者则强调活动结果的创新性，强调活动所带来的社会价值。创新教育应当立足于学生的特点，切忌脱离实际，并以是否有利于学生身心发展，是否能提升主体的创新素质为标准。

探索未知世界是人类的本性，这一特点在大学生身上表现得尤为明显。大学生对自己的个性与才能具有强烈的表现欲，创新性学习活动恰恰适合了他们的这种需要。在创新性学习活动中，学生成了客观世界（学习对象）的主宰，他们的自信在提高，情感在深化，责任感在增强，知识变成了改造世界的力量……正是这种活动，使学生增强了对主体及其本质力量的认识，并在活动过程中充分锻炼和发展了自身的各方面潜能。正因为如此，不少教育家、心理学家不遗余力地倡导“发现学习”，他们要求广大教师要努力使学生的学习过程成为一种创新和发现的过程，从而真正使学习本身成为学生心理生活的润滑剂、身心发展的动力和生活的一种享受。

参 考 文 献

[1] 梁津安．大学生创业心理学导论 [M]．西安：陕西师范大学出版社，2019．

[2] 李晓峰，徐海鑫．大学生创业教育体系的构建与实践 [M]．北京：经济日报出版社，2019．

[3] 姜丹蓉．大学生创业企业绩效的影响因素和创业支持系统研究 [M]．成都：四川大学出版社，2019．

[4] 颜弘．大学生创新创业教程 [M]．哈尔滨：哈尔滨工程大学出版社，2019．

[5] 李建庆．大学生创新创业教育研究 [M]．成都：四川大学出版社，2019．

[6] 任丽娜，李钛，金红匣．起航创业：大学生创新创业理论指导研究 [M]．北京：中国商务出版社，2019．

[7] 吴小平，张小斌．大学生创业基础 [M]．北京：中华工商联合出版社，2021．

[8] 罗纯，纪忠杰．大学生创新创业基础 [M]．北京：北京理工大学出版社，2021．

[9] 李明慧．大学生创新创业理论与技能指导 [M]．成都：四川大学出版社，2021．

[10] 郑孝庭．大学生创业素质拓展实训 TCPS 教程 [M]．成都：西南财经大学出版社，2021．

[11] 马爽．加强高校图书馆建设促进大学生创新能力的培养 [J]．科技视界，2022（9）：154–156．

[12] 任尉香．新时代大学生创新能力培养对策探究 [J]．产业与科技论坛，2022，21（6）：223–224．

[13] 任艳芳，何俊瑜，张雨哲．基于大学生创新能力培养的教学改革探索——以《环境毒理学》课程为例 [J]．创新创业理论研究与实践，2022，5（4）：20–22．

[14] 赵丽丽．大学生创新能力培养的教学管理改革探究 [J]．教育教学论坛，2021（52）：169–172．

[15] 马艺鑫，贾连群，冷雪，等．项目为导向的“一主线四结合”中医药院校

大学生创新能力培养体系研究与实践 [J]. 卫生职业教育，2021，39（21）：1-3.
[16] 阎海玲. 大数据背景下大学生创新能力培养研究 [J]. 上海商业，2021（10）：74-75.
[17] 吴巧文. 创新创业大赛背景下大学生创新能力培养研究 [J]. 投资与创业，2021，32（19）：42-44.
[18] 孙玉婷. 高等教育管理改革路径问题研究——基于大学生创新能力培养 [J]. 现代交际，2021（17）：167-169.
[19] 褚宏启. 大学生创新能力培养的几个关键问题——要不要、会不会、愿不愿与让不让 [J]. 北京教育（高教），2021（9）：31-34.
[20] 段炼. "双创"背景下大学生创新能力培养的策略探究 [J]. 科技与创新，2021（4）：72-73.
[21] 杨婷，富晓乾，秦蔚然，李佳敏，尉勋. 新时代大学生创新能力培养途径探索 [J]. 就业与保障，2021（2）：71-72.
[22] 于博. 第二课堂下大学生创新能力培养途径的探究 [J]. 北华航天工业学院学报，2020，30（6）：47-49.
[23] 华璐璐，陈茜. 促进大学生创新能力培养的智慧校园文化研究 [J]. 安阳师范学院学报，2020（6）：61-64.
[24] 陈瑛，王丽，潘旭明，高智晟. 大学生创新能力培养与教师科研有机结合的实践探索 [J]. 创新创业理论研究与实践，2020，3（15）：191-192.
[25] 刘正臣. 形势与政策教育对大学生创新能力培养的理论解析与实践探索 [J]. 科教导刊（上旬刊），2020（22）：79-80.
[26] 彭琛，刘磊，涂志峰. 智能小车在大学生创新能力培养中的探索与设计 [J]. 电子世界，2020（14）：95-98.
[27] 张立. 新形势下大学生创新能力培养问卷调查及对策研究 [D]. 福州：福建师范大学，2020.
[28] 杨昱，罗娅，许洁. 基于大学生创新能力培养的高校实验室建设探索 [J]. 实验室科学，2020，23（3）：183-185.
[29] 肖云刚. 基于学科竞赛的大学生创新能力培养与实践 [J]. 河北广播电视大学

学报，2020，25（3）：73-77.

[30] 黄大志，戴孟业，王禹超，等. 高校机械类大学生创新能力培养的研究与探索 [J]. 科学咨询（科技·管理），2020（9）：1-2.